Gefühlsverwandt

Im Spiegel erkannt

Syra Kolb

Gefühlsverwandt

Im Spiegel erkannt

Ein mitfühlender Wegbegleiter

Bibliografische Information der Deutschen Nationalbibliothek:

Die Deutsche Nationalbibliothek verzeichnet diese Publikation in der Deutschen Nationalbibliografie; detaillierte bibliografische Daten sind im Internet über http://dnb.dnb.de abrufbar.

Satz, Umschlaggestaltung, Herstellung und Verlag: ***Syra-Verlag***
St. Leon-Rot (www.syra-verlag.de)

ISBN: 978-3-945013-00-7

Inhaltsverzeichnis

Kapitel 1. Gefühlsverwandt

Kapitel 2. Herzensreise

Zum Cover:

Ich habe dieses Gemälde gesehen und habe mich verliebt.
Die Künstlerin Lydia Reicheneder hat ihr Talent erst 2010 entdeckt.
Sie war vorher fest überzeugt, dass sie gar nicht malen kann.
Doch irgend wann war die innere Stimme zu gewaltig und sie konnte nicht anders,als ihr nachzugeben. Lydia war selbst am meisten überrascht, über das,was da entstand.

Mein Herzenswerk von ihr trug den Namen:

„Der Engel der Schönheit"

und ich bin sehr glücklich darüber, dass dieses wundervolle Bild mein Cover schmücken darf. Mehr über die Künstlerin auf:

www.engeloase.de.to

Mein Name ist Syra Kolb und ich befinde mich im Hochsommer meines Lebens.

Im ersten Buch durften meine Gedanken viele Menschen berühren. Ich bin sehr dankbar und glücklich darüber und finde dass Gefühle, die Herzen verbinden, geteilt werden sollten.
Texte voller Menschlichkeit mit Herz und Respekt.

Wir wünschen uns alle das Gleiche, nämlich geliebt und angenommen zu werden, so wie wir sind. Möchten wir, dass dies wirklich passiert, sollten wir uns selbst annehmen und lieben können.
Das ist leichter gesagt, als getan. Denn durch schmerzliche Erfahrungen und Programmierungen, z. T. schon in der Kindheit, können wir das oft noch gar nicht zulassen.

Ich habe über 30 Jahre lang mit großen Ängsten gelebt, die mich sehr zurückgehalten haben. Das, was ich die letzten 10 Jahre erleben durfte, ist unglaublich und ich bin sehr dankbar dafür.

Mich selbst zu begleiten, zu erleben und immer mehr zu lieben, egal wie die äußeren Umstände auch sind, ist ein großes Geschenk für mich, das ich mit meinem Lebensgefährten, mit meinen erwachsenen Söhnen und mit vielen Gefühlsverwandten so gerne teile.
Seit etwa 10 Jahren werden Menschen zu mir geführt, die ich für einige Zeit begleiten darf.
Deren Schicksale und meine eigenen Erfahrungen im Menschsein habe ich niedergeschrieben, meist in leicht verständlicher Reimform, doch auch andere Geschichten waren mir dieses Mal wichtig.

In diesem Buch habe ich mich auch mit der Demenz meines Vaters auseinandergesetzt und die Zeit beschrieben, in der ich ihn Zuhause pflegte.
Ehrliche und offene Schilderungen meines Empfindens. Der Engel des Vergessens hat sehr viel verwandelt.
Das Gefühlschaos, in dem ich manchmal steckte, kann man fühlen, wenn man meine Worte liest. Ich bin dankbar, dass ich das erleben durfte, wenn es auch eine sehr schwere Zeit war.

Kapitel 1.

Gefühlsverwandt

Alles nimmt seinen Lauf

Wie kann ich glücklich sein, wenn Du es nicht bist?
Darf ich genießen, wenn Du Dich vergisst?
Warum fällt mir zu, was Du Dir so schwer erarbeitet hast?
Kann ich wirklich leben, während Du so viel verpasst?
Ja, ich nutze die Chance und nehme mein Glück an.
Wer weiß, wen ich mit meiner
wiedergefundenen Lebensfreude mitreißen kann.
Auf der Sonnenseite des Lebens tanke ich wieder auf.
Lass einfach geschehen - alles nimmt seinen Lauf.

Wieder mal geschafft

Ich fühlte mich, wie gefangen, in einer unerklärlichen Angst.
In so einer Zeit hilft es mir nicht, wenn Du um mich bangst.
Wenn Du jedoch mit mir fühlst, mich verstehst
und mit mir durch diese Emotionen gehst,
dann darf ich mich an Dir halten und an Deiner Kraft.
Jetzt kann ich wieder fühlen, wir haben es geschafft.
Danke, dass Du in Deiner Stärke bliebst
und mir damit gezeigt hast, wie sehr Du mich liebst.

Auszeit

Ruh' Dich bei mir aus, wenn Deine Gedanken Purzelbäume schlagen.
Verweile bei mir, wenn Dich wieder mal
Zweifel und Vorwürfe plagen.
Gib mir Deine Waffen, mit denen Du Dein Potenzial
hütest und bewachst.
Ich sehe schon, wie Du Deine unbändige Liebe
der ganzen Welt vermachst.
Wenn die Zeit gekommen ist, kannst Du gar nicht anders,
als es zu tun.
Bis dahin, lass uns immer mal wieder gemeinsam
innehalten und ausruh'n.
Von Mensch zu Mensch, von Herz zu Herz, in jeder Lebenssituation
ist echte, tiefe Verbundenheit der schönste und wertvollste Lohn.
Diese Gefühle heilen unseren Körper und halten gesund
und weil ich es genieße, halt ich jetzt einfach mal meinen Mund.

Raum zum Ausruhen:

Wenn Du möchtest, dann setze oder lege Dich hin und mache es Dir ganz bequem. Atme ein und atme aus.

Sei einfach mal ganz im Hier und Jetzt.
Durch die Nase einatmen und durch den Mund alles loslassen.
Du darfst Dir jetzt diese Auszeit nehmen.
Fühle Dich getragen und sicher. Lege Deine Hände ganz sanft auf Dein Herz, berühre Dich.

Du hast es verdient zu verweilen. Die Liebe führt Dich weiter, wenn die Zeit gekommen ist.

Behandle Dich gut

Denke einmal darüber nach, wie oft Du Selbst es wagst
und über Dich etwas Negatives sagst.
Wie schnell kommt da: „Oh, bin ich dumm!´´
Jedem anderen nimmst Du das krumm.
Jetzt ist es an der Zeit, Dich mit Respekt zu behandeln.
Dann kann sich Dein ganzes Umfeld verwandeln.
Denn die können Dir alle nur das stecken,
womit sie noch Deine eigene Meinung bestätigen und wecken.
Du bist ein Geschenk des Himmels und keine Last.
Für Dich das Wertvollste, was Du hast.

Wenn Du etwas für Dich tun möchtest,
dann schreibe DIR einen Brief.

Eine Entschuldigung dafür, dass Du Dich manchmal nicht achtest.
Schließe den Brief mit den Worten:

„Ich werde in Zukunft achtsamer und respektvoller mit Dir umgehen liebe(r) (eigener Name), weil Du es verdient hast.“

Wichtig ist, dass Du Dich daran hältst und es Dir immer wieder bewusst machst.

Bis in alle Ewigkeit

In keinem Märchen lesen wir, wenn es beginnt:

„Und wenn sie nicht gestorben sind!´´

Um Dich glücklich zu fühlen bis dahin,
gib Deinem Leben einen Sinn.
Sei Dein Prinz, Dein eigener Held
und verwandle so Deine innere Welt.
Später wirst Du gerne davon erzählen ...
Es war einmal, da musste ich mich ganz schön quälen,
doch in mir war auch eine gute Fee, die an mich glaubte,
wenn sie mir auch oft den Atem raubte.
Wunder durften da gescheh'n.
Ich konnte es selbst oft nicht versteh'n.
Bin irgendwann in meinem inneren Königreich aufgewacht
und habe, in großer Dankbarkeit, über dieses Leben nachgedacht.
Alles war recht und geschah zur richtigen Zeit.
Mein Märchen heißt: Ich liebe mich in Ewigkeit.

Wie würdest Du Dein Märchen nennen?

Dein einfühlsames Wesen

Dein einfühlsames Wesen
ist schon immer da gewesen.
Früher hat man es „empfindlich“ genannt
und nicht das Potenzial erkannt.
Deine wundervolle Intuition,
gibt es auch seit Langem schon.
Sie wurde unter „Anderssein“ abgespeichert.
Jetzt darfst Du fühlen, wie sie Dein Leben bereichert.
Dein Vertrauen und Deine Lebenseinstellung
nannten manche naiv und dumm.
Sie haben es nicht anders gelernt
und sich schon lange von ihrer Einzigartigkeit entfernt.
Du bist Dir, mit der Zeit, immer näher gekommen
und hast Dich als wundervollen Ratgeber und Freund gewonnen.

Dein Lachen

Dein Lachen kann so ansteckend sein.
Deine Kritik ist sachlich und nicht gemein.
Ich kann sie mir zu Herzen nehmen und etwas lernen,
ohne mich dabei von Dir zu entfernen.
Wir können zusammen weinen und lachen.
Lassen gemeinsam ganz neue Seiten erwachen.
Deine Hilfe ist nicht mit Erwartungen verbunden.
Ich habe durch dich, etwas ganz Wertvolles wiedergefunden.
Das Vertrauen, dass ich sein darf, wie ich bin.
Für mich bist Du ein Hauptgewinn.

Der Engel der Veränderung

Früher lautete mein Wunsch: Es soll alles bleiben wie es ist.
Ich hoffte, dass mich der Engel der Veränderung,
übersieht oder vergisst.
Hatte eine Riesenangst alles zu verlieren
und wollte deshalb stillhalten und funktionieren.
Heute bin ich voller Dankbarkeit und habe Lust auf das Neue.
Es gibt so vieles, worüber ich mich dadurch so sehr freue.
Die Zeit der falschen Bescheidenheit ist endlich vorbei
und ich fühle mich so beschenkt, gestärkt und innerlich frei.
Ihr habt mein Leben bereichert, jeder auf seine Art.
Ich habe so viele wunderschöne Momente
in meinem Herzen bewahrt.

Darf der Engel der Veränderung Dir auch gut tun?

Wenn Du willst, schreibe ihm einen Brief und teile ihm alles mit. Bedanke Dich zum Schluss, als hätte er Dir Deine Wünsche schon erfüllt.
Du kannst ihm immer schreiben, wenn Du für Veränderung bereit bist und alles in seine Hände legen möchtest.

Du bist ein Rohdiamant

Du bist ein Rohdiamant, der noch geschliffen werden darf.
Denn seine Ecken und Kanten sind noch sehr scharf.
Daran verletzt Du Dich selbst am meisten.
Denkst, Du müsstest um geliebt zu werden, so viel leisten.
Bekämpfst oft die Menschen, die Dich lieben.
Nur so kann Deine alte Überzeugung Recht behalten und siegen.
Nämlich die, dass es wahre Liebe eh nicht geben kann.
Die Sehnsucht, Deines inneren Kindes, kommt nicht bei Dir an.
Du hattest es schwer und das hat Dich geprägt.
Es war, als ob dauernd einer an Deinem Selbstwert sägt.
Doch, wenn Du Dich weiterhin klein halten willst,
dann nur, weil Du damit Deine Vergeltung stillst.
An den Menschen, die Dir wehtaten und Dich verletzten,
Dir keine, oder wenig Liebe geben konnten und Dich versetzten.
Sobald Du erkennst, dass Du es Dir Wert bist zu strahlen.
Andere dürfen denken, Du würdest jetzt angeben und prahlen.
Wichtig ist, was Du bereit bist Dir zu gönnen.
Loslassen, genießen und abgeben können.
Lasse uns eine Reise in Deine Zukunft machen:
Ich sehe einen selbstbewussten Menschen fröhlich lachen.
Du bist den Weg zu Dir selbst gegangen.
Nur so konntest Du zu diesem Paradies gelangen.
So viel Lebensfreude pur, das bist DU, so wunderschön.
Ein strahlender Diamant, dessen Liebe kann jeder fühlen und seh'n.

Du hast mir gezeigt

Du hast mir gezeigt, was ich nicht leben konnte,
weil ich mich stets im Schatten sonnte.
Ich war voller Ängste voller Zwang,
nahm mich in meinem Gefühlschaos so oft nicht an.
Du hast mich bei der Hand genommen
und damit ganz allmählich mein Vertrauen gewonnen.
Diese Hand hast Du immer wieder losgelassen,
damit wir auch andere Wunder nicht verpassen.
Ich durfte seither so viel erleben
und viele Menschen konnten in mir etwas bewegen.
Jede Herzbegegnung war ein Wunder.
Mit Euch ist mein Leben einfach schöner und bunter.

Du und ich

Du überraschst mich immer wieder neu
und gibst mir Gefühle, über die ich mich freu'.
Wir sind sehr verschieden und doch so gleich.
Du machst mein Leben unbeschreiblich reich.
Ich bin so dankbar dafür,
für Dich habe ich immer eine offene Tür.
Ein offenes Ohr natürlich auch und ein offenes Herz sowieso.
*Wie schön das zu erleben, **MENSCH** bin ich froh.*

Du machst mir Mut

Du machst mir immer wieder Mut.
Dein Mitgefühl tut einfach gut.
Bist für mich da, wenn ich Dich brauch'
und wenn ich glücklich bin dann auch.
Das mit Dir zu teilen ist Lebensfreude pur.
Du bist für mich wie eine Verjüngungskur.
Vielleicht kann das so mancher nicht versteh'n.
Nicht jeder kann seine eigene Herzensseite seh'n.

Einfach mal darüber nachdenken:

Welche Aussagen kannst Du für Dich übernehmen?
Überraschst Du Dich auch noch immer wieder neu?

Eine Nacht kann lang sein

*Eine Nacht kann erbarmungslos lang sein für Menschen, die leiden.
Ob Sorgen, Schmerzen, Trauer oder finanzielle Schwierigkeiten.
Auch ich durchlebte Zeiten, in denen sich eine Nacht,
sehr lang anfühlte,
weil eine große Macht mein Innerstes aufwühlte.
Ängste holten mich ein und ich wollte am liebsten davon rennen.
Den Albtraum verbannen und einen Retter beim Namen nennen.
Die Dunkelheit und das Gefühl, mit mir stimmt etwas nicht,
erdrückte mich fast, lag auf mir wie ein Zentner Gewicht.
Dann betete ich zu Gott, dass ich weiß, dass er bei mir ist.
Mich auch in der größten Not nicht vergisst.
Ich stellte mir vor, wie er mich ganz fest im Arm hält
und wie alle Last und Sorge von mir fällt.
So bin ich dann eingeschlafen, fühlte mich geborgen.
Mit dieser Liebe wäre ich auch ohne Angst gestorben.
Irgendwann wachte ich dann auf und hatte ein Lächeln im Gesicht.
Ich erinnerte mich wieder ganz an unsere Heimat
und an das wundervolle Licht.
Von dort kenne ich auch dich und wünsche dir eine erholsame Nacht.
Habe vor dem Einschlafen noch ganz herzlich an dich gedacht.*

Einfach lieben

Du musst mir keine Wolkenschlösser bauen,
auch nicht bedingungslos vertrauen,
für mich keine Gipfel erklimmen,
oder in der Lotterie gewinnen.
Du brauchst Dich nicht mit Hungerkuren zu plagen
und kannst mir ruhig auch Deine Meinung sagen.
Mein Herz hat sich schon vor langer Zeit entschieden,
Dich so wie Du bist einfach zu lieben.
Du meinst, das könnten nur leere Worte sein?
Lass Dich überraschen und einfach drauf ein.

Meine Erfahrungen:

Viele Menschen wollen Bedürfnisse auch. aus der Kindheit, gestillt haben, im Jetzt und Hier. Partner/in, Kinder,
Freunde usw. sollen ihnen die Liebe geben, die sie damals vermisst haben oder die Bestätigung, die sie früher nie erhalten haben.
Diese sind oft überfordert, weil sie spüren, sie können das gar nicht.
Mir ging es auch so. Ich wollte mich immer beweisen und tat so viel für andere, um gesehen und geliebt zu werden.
Seit 10 Jahren begleite ich mich bewusst durch diesen Prozess.
Ich habe viel losgelassen und es durfte sich noch mehr in mir verwandeln. In vielen Aufstellungen erkannte ich mich wieder und konnte wieder etwas ändern.
Seit ich meine Gabe leben darf und meine Liebe in mir zulassen kann, wurden die Erwartungen an andere Menschen immer weniger.
Ich gebe mir so viel Wertschätzung, gehe achtsam mit mir um und stehe zu allem, was ich fühle, sage und tue.
Das Geschenk darf ich mit Menschen, die in meinem Herzen sind, teilen und das fühlt sich so gut an.

Engel

Engel begleiten meinen Weg,
heute konnte ich einen wunderschönen seh'n.
Sie müssen nicht reden
und trotzdem können wir sie jederzeit versteh'n.
Wir haben eine Verbindung, die wir in uns spüren,
wenn sie uns auf unserem Lebensweg begleiten und führen.
Auch Du bist so ein Engel für manche Menschen zur richtigen Zeit,
denn Du bist voller Liebe, Wärme und Herzlichkeit.

Gute Nacht

Natürlich wünsche ich Dir auch heute Nacht,
dass ein Engel über Dich wacht.
Dass er Dich durch Deine Träume führt
und Dein Herz ganz liebevoll berührt.
Morgen früh, nach einem erholten Schlaf,
freue ich mich, wenn ich Dich wiedersehen darf.

Erinnerungen

Erinnerungen an schöne Momente, kann uns auch
keiner mehr nehmen.
Das ist oft die beste Medizin, wenn wir uns nach etwas sehnen.
Können wir uns darüber freuen und davon zehren,
wird sich dieses Wohlfühlgefühl vermehren.
Einfach mal schöne Erlebnisse, aus der Vergangenheit,
Revue passieren lassen.
Wann warst Du unbeschwert und konntest Dein Glück kaum fassen?
Wer war damals dabei und hat Dich so beschwingt?
Auf jeden Fall DU und Dich brauchst Du auch heute, damit es gelingt.
Gebe Dir die Erlaubnis jetzt damit zu beginnen,
Dich auf das Schöne und Wertvolle in Dir zu besinnen.
Bedenke, auch das werden irgendwann Erinnerungen sein.
Ich freue mich, holen sie Dich morgen schon ein.
Deine unbändige Liebe in Dir wahrzunehmen und Dir einzugesteh'n:
„Du bist unvergleichlich, einmalig, vielfältig und wunderschön."

Vielleicht möchtest Du schöne Erfahrungen Revue passieren lassen?

Es fühlt sich stark an

Es fühlt sich einfach stark an,
was ich endlich in mir empfinden kann.
Mal kleine Schwester, mal großer Bruder,
auch Königin und wildes Luder.
Wie wundervoll sind diese Seiten,
die mich jetzt ganz nah begleiten.
Die Frau in mir wieder neu entdeckt,
so viel Temperament und Lust geweckt.
Danke Herz und Leidenschaft,
ihr habt ein Feuer in mir entfacht.
Das darf nun voller Freude brennen.
Ich kann mich ganz dazu bekennen.

Es ist so schwer, leicht zu lieben

Es ist so schwer, leicht zu lieben,
mal alle Schuldgefühle auszusieben.
Oben zu bleiben, wenn andere sich im Sumpf befinden.
Aufrecht zu geh'n, wenn alle Kräfte gerade schwinden.

Es ist nicht leicht, stets daran zu glauben,
dass gerade die Energien, die uns jetzt
unsere Überzeugungen rauben,
so viel lehren und uns später fördern und tragen.
Wir sollten diesen Neuanfang einladen und auch wagen.

Im Moment wird so viel in Frage gestellt.
Man könnte meinen, Ohnmacht regiert diese Welt.
Da ist die Angst, sich selbst zu verlieren,
durch viele Rückschläge will man nichts mehr riskieren.

Auch ich befinde mich in diesem Strudel der Emotionen.
Ich weiß, mich frei zu segeln wird sich lohnen.
Auf diesem Schiff ist für viele Menschen Platz.
Ich freue mich auf jeden einzelnen, wertvollen Seelenschatz.

Es kann einen großen Druck machen

*Es kann einen großen Druck machen,
zu meinen, wir müssten immer lachen.
Auch die Lehre, wir sollten allumfassend lieben können
und man sollte jedem anderen alles Schöne gönnen,
macht Druck auf einen Menschen, der grad im Sumpf steckt,
und seine Liebe für sich selbst im Moment nicht entdeckt.
Dann, "immer positiv denken,
sonst zieht man das Negative an."
Mein Gott, zeige mir Einen, der das immer kann.
Doch meinen manche, sie wären schon so weit
und leben gar nicht mehr in der realen Zeit.
Keiner ist WEITER oder hat nach OBEN einen besseren Draht.
Deine Empfindungen führen Dich auf Deinen Pfad.
Du darfst Deinen Gefühlen trauen.
Wir alle dürfen noch viel in uns aufbauen
und erkennen, dass wir Menschen sind:
Jeder Einzelne ein wundervolles, einmaliges Gotteskind.*

Einfach mal darüber nachdenken:

*Stelle niemanden über Dich und blicke auf keinen herab.
Wichtig ist, dass Du Dich nicht verurteilst, wenn Du wieder mal
in alte Verhaltensweisen zurückfällst.*

*Du hast die Kraft, Dich neu zu animieren. Wir sind alle nur Menschen.
Wie schön, das zu erkennen und danach zu handeln.*

*Es gibt noch viel mehr Potenzial in Dir, das gelebt werden möchte.
Die Angst, Führung zu übernehmen, kommt aus der Vergangenheit.
Sie wird sich wandeln und die Macht der Liebe wird Dich führen.*

Ich liebe mich

Es wäre überheblich zu denken,
nur Du könntest mir die Liebe schenken.
Du wärst verantwortlich, ob ich weine oder lache,
oder was ich aus meinem Leben mache.

Ich gebe mir jetzt einmal diesen Stellenwert
und fühle wie es ist, wenn man sich selbst liebt und ehrt.
Wie schön, viele Menschen schließen sich mir an.
Es tut so gut, zu fühlen, dass man mich so lieben kann.

Zum Nachdenken:

Damit entlastet man Menschen, die einem wichtig sind, sogar.
Man nimmt ihnen den Druck, dass sie verantwortlich sind
für unser Glück und auch Leid.

Abhängigkeit kann sich in Selbstverantwortung wandeln.
Wir haben doch schon oft erlebt, dass man dachte,
ohne diese eine Person kann ich nicht mehr leben
und dann wurde man nach einiger Zeit eines Besseren belehrt.

Ich finde das folgende Zitat so schön.

Von G.B. Fuchs

„Ich habe den Menschen gesagt, sie sollen Dich lieben, es wird Dir bestimmt einer begegnen, der hat mich gehört“

Für einen Menschen

Für einen Menschen, der mir so wichtig ist.
Der sich manchmal selbst zu sehr vergisst.
Der mit sich oft umgeht, als wär' er aus Stahl.
Ich liebe Dich, ich habe gar keine Wahl.
Ich würde mir wünschen, Du würdest Dich besser behandeln.
Ich könnte deine Zigarettenzüge einfach in Küsse verwandeln.
Immer mehr darf ich erfahren, dass ich das gar nicht muss.
Ich gebe Dir einfach, weil mir danach ist einen Kuss
und lass Dich Deine Erfahrungen machen.
Ich muss nicht Deine Gesundheit überwachen.
Viel schöner ist es mit Dir zusammen jede Sekunde zu erleben,
und dass wir gemeinsam so viel spüren und bewegen.
Du bist so oft mein Fels in der Brandung, mein Baum, der mich hält
und ich kann nur sagen,
dass mir das Leben mit Dir bombastisch gefällt.

Für mein inneres Kind

Ich halte Dich, wenn Du Dich schwach fühlst,
wenn Angst Dein Innerstes aufwühlt.
Ich wärme Dich, wenn Du frierst,
wenn Du das Gefühl hast, dass Du alles wieder verlierst.
Ich sorge mich um Dich in der Art und Weise,
dass ich da bin, wenn Du mich brauchst, mal laut mal leise.
Ich singe und tanze gerne mit Dir, wenn Dir danach ist.
Erinnere Dich an Liebe und Glück, wenn Du es wieder vergisst.
Ich nähre Dich mit Zuversicht und Treue.
Ich öffne mich gerne, mit Dir gemeinsam, für das Neue.
Wir brauchen keine Worte, wir dürfen das spüren.
Mit Herz und Verstand lassen wir uns führen.
Unsere Verbundenheit entfacht in uns so viel Lebenslust.
Es ist befreiend, wenn Du kannst und nicht mehr musst.
Ich erwarte von Dir nichts zurück.
Dass ich Dich in mir gefunden habe, ist mein größtes Glück.
Dieses tiefe innere Gefühl lenkt unser Handeln
und wird ganz viel auf dieser Welt verwandeln.
Dadurch entsteht Menschlichkeit, Liebe und Respekt.
Dies dann mit anderen teilen zu können, wird automatisch geweckt.
Genug der Worte, jetzt darfst Du es erleben.
Wir haben uns noch so viel zu geben.

Was ist ein inneres Kind:

Ich durfte in meiner einfühlsamen Tätigkeit schon so viele dieser inneren Kinder kennenlernen. Für mich gibt es in jedem Menschen eine ganze Rasselbande an inneren Kindern. Es sind einfach Seiten von uns, die endlich gesehen oder angenommen werden wollen.

Mehr dazu auf meiner Homepage ***www.syrakolb.de***

Gesundheit(en)

Stelle Dir einmal vor, dass Krankheiten sprechen können
und sie sagen Dir, dass sie Dir Gesundheit und Glück gönnen.
Würdest Du ihnen das glauben und annehmen
oder würdest Du es als Ironie sehen und ablehnen?
Weil es so einfach nicht sein kann und Du sie als Feind siehst,
den Du bekämpfen musst und vor dem Du fliehst?
Es gibt keine Mehrzahl von Gesundheit, das fiel mir gerade auf.
Doch es gibt Krankheiten und sogar einen Krankheitsverlauf.
Gesundheitswege hört man selten
und Gesundheiten so gut wie nie.
Ich weiß, dass ich mich schon mit ganz viel Wut
gesund schrie.
Auch das ist erlaubt, denn wenn man immer alles schluckt,
sich klein macht und bei jedem lauten Ton zusammenzuckt,
ist man zwar immer lieb und nett,
doch oft zu zart für diese Welt.
Es darf auch sein, dass ein Herzensmensch
mal flucht und bellt.
Nutze die Chance, begleite Dich, Du bist es wert.
Ist nicht schlimm, wenn Dein Umfeld sich beschwert.
Für meine sanftmütige, alles verstehende innere Seite
ist es wichtig, dass ich sie in Liebe und respektvoll begleite.
Setze Dich endlich bedingungslos ein für Dich und Dein Leben.
Eine Zeit voller Wunder und Heilung beginnt soeben.

Empfehlung:

Diese Gedanken ersetzen keinen Arztbesuch.
Natürlich ist es wichtig, dass alle Beschwerden ernst genommen
und abgeklärt werden. Doch begleitend kann es ganz hilfreich sein.

Gibs mir

Gibs mir, damit ich mich wieder klein fühlen kann.
Anscheinend brauche ich das, kette mich fest, halte mich an.
Welch furchtbare Angst ist da in mir?
Ist es Furcht, dass ich mich dabei wieder verlier?
Dass Gefühle aufbrechen, die ich nie mehr fühlen wollte?
Wenn meine Anhänglichkeit bestimmte, was ich tun sollte?
Wer kann mich aushalten, wenn ich nicht kapituliere,
und dabei Rebellion, Auseinandersetzung und Streit riskiere?
Letzten Endes werde ich das selbst sein.
Lasse ich mich trotzdem auf meine Wahrnehmung ein?
Ja, ich stehe dazu, mit allen Konsequenzen.
Ich habe die Kraft oder nicht, ich fühle plötzlich alle Frequenzen.
Sie erschüttern mich, weil ich mich so ohnmächtig fühle.
Es sich anfühlt, als ob ich mitten in einem Eiterherd wühle.
Bitte lieber Gott, lass mich das übersteh'n,
lass mich Licht, am Ende des Tunnels sehn.

Gedanken dazu:

Manchmal ist es wichtig durch Gefühle hindurchzugeh'n
und sie sich bewusst zu machen.
Dadurch kann sich viel verändern.
Sich dabei auszuhalten ist nicht leicht, doch sehr heilsam.
Alles darf sein. Jede Emotion hat eine Berechtigung.
Es wird immer wieder hell am Ende des Tunnels.

Hand aufs Herz

Hand aufs Herz...
wie gehst Du um mit Deinem Schmerz?
Willst Du wissen, was er Dir sagen will,
oder erträgst Du ihn einfach still?
Möchtest Du schnell eine Diagnose für Deine Beschwerden,
ihn einfach bekämpfen und loswerden?
Machst Du die Augen zu und hoffst, dass er verschwindet,
oder willst Du wissen, was Dich an ihn bindet?
Vielleicht magst Du besser sein als Du musst
und darauf hat eine Seite von Dir keine Lust.
Es kann sein, dass er einen seelischen Schmerz verdeckt
und damit immer wieder die Erinnerung daran weckt.
Ich durfte erfahren, dass sich so viel löste und wandelte,
als ich ihn nicht mehr ablehnte, sondern annahm und handelte.
Er hat mich oft wachgerüttelt und gewarnt,
war er auch als unmögliche Nervensäge getarnt.
Habe manchmal seine Botschaft erst später verstanden,
als er sich schon verabschiedet hatte und weilte bei lieben Bekannten.
Denen habe ich dann zwar von unserer Zeit erzählt
und doch ist es wichtig, dass jeder seinen ureigenen Umgang mit ihm wählt.

Wichtig:

Darüber nachzudenken ersetzt nicht den Arzt, doch kann es sehr ergänzend sein, lässt man sich auch mal auf diese Sichtweise ein.

Ich durfte erfahren, dass viele Menschen nach einer Erklärung suchen, warum sie sind, wie sie sind und mit so mancher Diagnose besser klarkommen, als mit ihrem Anderssein.

Herzerfrischend ehrlich

Herzerfrischend ehrlich bist Du,
eroberst die Herzen der Menschen im Nu.
Unsere Lust auf Leben hat uns zusammengeführt.
Dein Lachen hat gleich meine Seele berührt.
Danke, Du bist ein Wunder.
Mit Dir ist das Leben irgendwie bunter.

Du bist ein Sonnenschein

Du bist ein Sonnenschein, lass es wieder zu!
Strahlen, Wärme, Freude - das bist Du.
Gib keinem die Macht, dunkle Wolken vor Dich zu schieben.
Tue was Du am besten kannst und das ist lieben.
Stecke ruhig andere, mit dem Virus Lebensfreude, an
und genieße, was dadurch geschehen kann.

Hinter Deiner Traurigkeit

Manchmal ist es so, dass sich hinter Deiner Traurigkeit
sogar ein Lächeln versteckt.
Es wartet schon seit langer Zeit und wurde nicht entdeckt,
weil es einfach noch nicht möglich war bis jetzt.
Schon gar nicht hat man Dich zur Fröhlichkeit gehetzt.
Nur, weil es andere nicht ertragen konnten,
die sich in ihrer selbst erbauten Oase sonnten.
Dich zu retten war ihrer Bestätigung und diente ihrer Lust.
Das haben sie jedoch selbst nicht gewusst.
Sie dachten, sie täten es aus Nächstenliebe.
Diese Ratschläge waren für Dich oft wie Stiche und Hiebe.
Dein Empfinden zeigt Dir Deinen ureigenen Weg.
Manchmal begegnet Dir ein Wegweiser sogar als Steg.
Den Du dann, eine Zeit lang, testen kannst ob er hält
und nicht beim ersten wütenden Stampfen zusammenfällt,
weil Du nicht reagierst, wie von Dir erwartet.
Wurden doch, für Deine Rettung, so viele Aktionen gestartet.
Du wirst eine Brücke finden, die Dich sicher trägt.
Auch überrascht sein, dass in diesem Fundament
sogar ein Herz schlägt.
Dann darfst Du hören, es schlägt im gleichen Takt
mit Deinem Eigenen... kein Traum, nein Fakt.
Mensch sein und Mensch lassen können.
Das dürfen wir uns dann alle gönnen.

Ich bin Liebe, ich bin Glück

Ich bin Liebe, ich bin Glück.
Ich geh‘ vor und geh‘ zurück.
Mal himmelhoch jauchzend, kurz darauf zu Tode betrübt,
hab mich immer nur auf meine Kosten vergnügt.
Oft mich selbst nicht verstanden und ändern wollen.
Mal mitten im Leben, dann wieder verschollen.
Mein Temperament hat mich schon häufig überrannt
und zu meinen Schwächen hab ich mich bekannt.
Ich kann weinen und schnell wieder lachen,
tanzen, singen, auch mal Witze machen.
Ich liebe Menschen, Tiere, Blumen, Wolken und das Meer.
Ich darf MENSCH SEIN, und das ist gar nicht so schwer,
mit Macken, Fehlern und Schatten.
Willst Du Dir das auch gestatten?

Ich danke Dir

Ich danke Dir, dass Du meine Freude mit mir teilst,
dass Du bei mir und meinen Gedanken verweilst.

Es zeichnet Dich aus, dass Du mir gönnst Erfolg zu haben.
Ehrlichkeit und Begeisterung zählen auch zu Deinen Gaben.

Du bist unbeschreiblich und für mich sehr wertvoll.
Mit einem Satz, Du bist ganz einfach toll.

Danke, dass wir so verbunden sind.
Wie schön, dass bei uns die Chemie wieder stimmt.

Eine Idee dazu:

Wenn Dir diese Gedanken gut tun und Du etwas für Dich tun willst, dann lies dieses Gedicht laut vor.
Nenne Deinen Namen am Anfang (vor dem ich).
Fühle, Du sprichst zu Dir. Sei Dir dankbar, dass Du so bist, wie Du bist, ganz wunderbar.

Im Traum

Heute Nacht durfte ich im Traum,
zurück und voraus, in die ewige Heimat schau‘n.
Ich habe wundervolle Menschen wiedergeseh‘n
und wir konnten uns in allen Sprachen versteh‘n.
Es fiel mir so leicht wieder aufzuwachen,
denn ich weiß jetzt, ich darf hier weinen,
schimpfen oder lachen.
Sie lieben mich so wie ich bin und freuen sich
über das, was ich tu‘.
Das zu wissen gibt mir so viel Vertrauen und innere Ruh‘.
Das größte Geschenk, das ich ihnen machen kann
ist, ich nehme mein Leben ganz und gar an.
Voller Dankbarkeit darf ich, dieses lebendige Sein,
lieben und ehren.
Irgendwann werde ich dann, voller Vertrauen,
einfach wieder heimkehren.

In der Schublade befindet sich ein Schatz

Ich habe Respekt und Achtung Dir gegenüber.
Deshalb komme ich nicht mit guten Ratschlägen rüber.
Eine Analyse, These oder Meinung hätte ich ganz schnell parat.
Käme auch, durch mein Mitgefühl für Dich, sehr schnell in Fahrt.
Du brauchst das nicht, das habe ich begriffen.
Du wurdest, all die Jahre, zu etwas ganz Besonderem geschliffen.
Dieses Schmuckstück liegt in der Schublade,
das Erbe Deiner Vorfahren.
Wenn die Zeit gekommen ist, darfst Du es rausholen, bewundern und Dich offenbaren.
Du wirst strahlen und erhellst damit die Welt.
Ich habe mich schon mal, ganz unsichtbar, neben Dich gestellt.
Denn da bin ich dabei, egal wie viele Kilometer uns trennen.
Ich kann uns schon sehen und würde diesen Zustand
Annahme und Erfüllung nennen.

Anregung:

Wenn Du magst, schreibe einfach mal auf:
Welche Eigenschaften hast Du irgendwann abgelegt,
weil sie nicht gern gesehen waren?

Konnten es andere nicht ertragen, wenn Du Fragen stelltest,
die sie nicht beantworten konnten oder wollten?

Welcher Schatz liegt da in Deiner Schublade?
Welche Gabe hast Du so lange zurückgehalten?

Jetzt hast Du die Chance Dein Potenzial zu entdecken und zu leben.
Schätze Dich und Deine Gefühle.

In Liebe

Ich brauche von Dir für unsere Liebe keine Zeitangabe
und keine Garantie.
Wie lange etwas so Wundervolles geht, das weiß man nie.

Keiner kann voraussagen was noch kommt im Leben,
dass Du mir geschickt wurdest, ist ein Segen.

Wir freuen uns, dass wir uns gefunden haben voller Dankbarkeit
und entdecken in uns immer mehr Gefühl und Zärtlichkeit.

Das Leben ist zu kurz, um alles zu hinterfragen.
Wir können uns ohne Worte so viel sagen.

Deshalb genieße ich jetzt still mein Geschenk,
die unbeschreiblichen Gefühle, wenn ich an Dich denk'.

In Liebe zu begleiten

Kinder in Liebe zu begleiten,
durch alle Phasen, in sämtlichen Zeiten,
ist eine Ausbildung fürs Leben.
Ihnen kann man bedingungslos geben.
Da werden Nächte durchgemacht,
mit ihnen geweint, gefreut, gelernt, gelacht.
Irgendwann fragt man sich: Wo ist die Zeit geblieben?
Eines ist klar, man wird sie immer lieben.
Halt anders, weil sie erwachsen sind.
In meinem Herzen ist Platz für jedes Kind.

Eltern

Eltern, die ihre Kinder zu Prinzessinnen und Prinzen küren,
sollten mal darüber nachdenken:
Wer kann ihnen später diese Affenliebe schenken?
Wie enttäuscht werden sie sein, wenn der Frosch trotz Kuss
nicht zum Prinzen werden muss.
Wenn eine erwachsene Prinzessin dann meint 100 Jahre
schlafen zu müssen,
um endlich den Märchenprinzen zu küssen.
Lassen wir sie doch einfach Kinder sein und Fehler machen,
denn dadurch kann so viel in ihnen erwachen.
Manche muss man vielleicht schon entthronen,
sie dürfen ab jetzt, anstatt im Schloss, im Haus der Liebe wohnen.

Kritik und Liebe

Wir wollen alle so geliebt werden, wie wir sind.
Am liebsten hören wir Worte, die uns streicheln
wie ein angenehmer Sommerwind.
Jede Kritik des Partners sehen wir erst mal
als Kriegserklärung an,
weil er uns doch, mit dieser Einstellung,
nicht wirklich lieben kann.
So haben wir in uns eine Vorstellung
von Beziehung programmiert
und sind der Überzeugung, dass es nur so
und nicht anders funktioniert.
Da arbeitet eine innere Seite, die keine Verbindung will.
Sie hält, mit ihrer vorgefertigten Meinung, einfach nicht still.
Nimm diese Zweifel und Ängste ganz liebevoll in den Arm.
Zeige ihnen Deine Liebe und mit Deinem Charme
wird es Dir gelingen, klarer zu sehen
und zu Dir und Deinen Gefühlen zu stehen.
Die sind viel wichtiger als alles negative Denken.
So kannst Du Dir und Deinem Partner so viel Liebe schenken.
Eine Beziehung mit Selbstwert wird automatisch entstehen
und damit kann man gemeinsam,
mit viel Gefühl, durchs Leben gehen.
Auch wenn man mal verschiedener Meinung ist
und diese Erkenntnisse dann auch wieder vergisst.
Ist nicht schlimm, ihr bekommt das hin.
Man muss den Anderen nicht zu jeder Zeit lieben können.
Nur sich selbst sollte man es in jeder Sekunde gönnen.

Lass' los

Lass' los, was andere über Dich sagen
oder wie sie, hinter Deinem Rücken, über Dich klagen.
Wichtig ist, dass Du zu Dir stehst
und mit Dir bewusst durch alle Erfahrungen gehst.
Mache es Dir schön und zeige ruhig Dein Glück.
Auf diesem Weg teilst Du es auch, Stück für Stück,
mit so manchen, die es zwar leben wollten, jedoch noch nicht können
und es trotzdem Dir schon von Herzen gönnen.

Im Hamsterrad

Kennst Du das Gefühl, Du tust und tust, doch es ist nicht genug?
Du lernst und lernst, doch Du wirst daraus nicht klug?
Du rennst und rennst, doch Du kommst nirgends an?
Dann erwartest Du von Dir, was kein Mensch geben kann.
Komme zurück in Deinen Rhythmus und in Dein Leben.
Keiner wird Dir irgendwann die jetzige Zeit zurückgeben.

Lasse deine Vorstellung von Liebe los

Lasse Deine Vorstellung von Liebe los.
Das verunsichert Dich doch bloß.
Wie hast Du Dir Beziehung vorgestellt?
Dass Dein Partner, Dir tagtäglich den Himmel aufhellt?

Wann fühlst Du Dich geliebt?
Wenn die/der Auserwählte Dir alles gibt?
Sie können nur das an dir lieben, was du zeigst und lebst.
Nicht deine Schatten, über du dich selbst noch aufregst.

Riechen kann man Deine Wünsche auch noch nicht.
Es ist wichtig, dass man sie ohne Erwartungen ausspricht.
Sich selbst zu respektieren und wertzuschätzen, ist das Größte dabei.
Damit setzt Du Grenzen und lässt auch den Anderen frei.

Dann braucht sich niemand mehr verantwortlich zu fühlen.
Schuldig, wenn dessen Worte bei Dir Gefühle aufwühlen.
Denn Du bist nicht mehr bedürftig wie ein Kind.
Wenn das mal nicht gute Aussichten für eine gesunde Beziehung sind.

Liebe bekommt eine neue Bedeutung im Herzen.
Ein wundervolles Gefühl, ohne Leid, ohne Schmerzen.

Lasst Euch nicht

Lasst Euch nicht mit klugen Floskeln abspeisen,
wollen Euch irgendwelche Beschwerden auf etwas hinweisen.
Nicht einfach aufs Wetter schieben!
Es könnte an den momentanen Lebensumständen liegen.
Vielleicht gehst Du grad auch wieder über Deine Grenzen hinweg
und behandelst Dich selbst wie den letzten Dreck.
Anderen zu helfen und gut zu tun wird wichtiger genommen
und noch auf dem Trockenen weiter geschwommen,
weil man so im Trott drin ist,
dass man alle guten Vorsätze immer wieder vergisst.
Sind die Tage auch sehr turbulent,
kein anderer kann verlangen, dass Ihr nur da seid und rennt.
Körper, Geist und Seele brauchen Erholung und Achtsamkeit.
Ich wünsche uns allen ganz viel Heilung, Wärme und Gesundheit.

Einfach mal darüber nachdenken:

Geht es Dir auch so, dass Du immer wieder über Deine Grenzen gehst
und durch irgendwelche Blockaden ausgebremst werden musst?
Oder kennst Du solche Menschen und es tut Dir weh,
wie sie mit sich umgehen?

Bei mir war es so, dass ich mir dann die Frage gestellt habe:
Was muss ich mir noch beweisen damit?
Wessen Leben lebe ich nach? Wo vergleiche ich mich noch?

Lebensschule

Es wäre nicht realistisch, würden wir denken,
das Leben wird uns nur mit Spaß und Freude beschenken.
Wichtig ist, wie wir mit allen Erfahrungen umgehen
und ob wir zu uns und unseren Gefühlen stehen.
Fangen wir doch gleich damit an zu üben
und uns nicht länger selbst zu strafen und zu belügen.
Möge uns diese Selbstbegleitung mit Herzlichkeit gelingen
und uns ganz viel Gesundheit, Liebe und Lebenslust bringen.

Erinnere Dich:

Wie oft im Leben hattest Du es richtig schwer, doch Du hast es immer wieder geschafft.
Du konntest aus vielen Situationen das Beste machen. Du hast ein Talent zu vermitteln und zu verwandeln.
Am meisten konntest Du Dich für die Menschen einsetzen, die Dir nahe standen.
Manchmal hast Du sie wichtiger genommen als Dich und Deine Bedürfnisse.
Jetzt darfst Du Dich begleiten und staunen, was Dir das Leben noch alles schenken möchte.
Wenn Du in Deiner Kraft bleibst, kannst Du so viel bewegen.

Liebe

Nur die unerfüllten Erwartungen schmerzen,
denn die sitzen im Kopf und nicht im Herzen.
Liebe lässt sich nun mal nicht manipulieren.
Es sind Gefühle, die wird man immer wieder riskieren.
Solange es Menschen gibt,
wird auf dieser Erde auch geliebt.
Es werden stets Herzen zueinanderfinden,
die Zärtlichkeit, Respekt und Zuneigung verbinden.

Liebe und achte Dich

Es wäre sehr vermessen,
würdest Du Dich selbst vergessen.
Liebe und achte auch mal Dich, mein Schatz!
In Deinem Herzen ist doch so viel Platz.
Anderen kannst Du sehr viel verzeihen und nachsehen,
sie fördern, trösten und verstehen.
Vielleicht behandelst Du Dich jetzt auch mal so?
Jeder, der Dich wirklich mag, ist darüber froh.

Liebe Dich selbst

Liebe Dich selbst und Du wirst geliebt,
weil dann das Herzgefühl überwiegt.
Lieben, was heißt das, hat einer ein Rezept?
Kennt jemand die Lösung, wie man sie weckt?
Lehren kann man sie jedenfalls nicht.
Es gibt auch keine Schuldigen und Opfer wie vor Gericht.
Niemand, der sich am Ziel schon sieht, hat sie erkannt.
Meist ist er vor ihr weggerannt.
Wir alle dürfen uns immer wieder von ihr überraschen lassen.
Diesen Anblick im Spiegel solltest Du auf keinen Fall verpassen.
Sie strahlt dann aus Dir heraus und ist unwiderstehlich schön.
Ein jeder kann es ganz tief fühlen und seh'n.
Diese Wandlung, dass Du Dich erkennst, annimmst und ehrst
und Dich nicht mehr gegen Wesenszüge von Dir wehrst.
Genau in diesem Moment findet Beziehung in Dir statt.
Du erlebst Dich neu und wirst endlich satt.
Das darfst Du dann mit anderen wundervollen Menschen teilen
und ganz viel Liebe wird in unseren Herzen verweilen.

Losgelöst

Zuzulassen, ganz bei und in mir zu sein.
Gleichzeitig stellt sich so viel Ruhe ein.
Alles wird weiterlaufen um mich herum.
Ich fühle mich und erlebe mich stumm.
Brauche keine Worte, denn es ist leicht.
Jeder Muskel, jede Verhärtung erweicht.
Losgelöst und völlig entspannt,
den Wert meines Seins einfach erkannt.
Eine Energie, die mich umgibt,
ich spüre, ich werde so sehr geliebt.
Eine Sicherheit, ein Urvertrauen,
eine Überzeugung, ich kann endlich auf mich bauen.
Meine Leben ist das größte Geschenk,
das ich erhalten habe.
Ich nehme es dankend an mit meiner Gabe.
Die Liebe, die ich tief in mir schon immer spürte,
die mich mit Menschen wie Dir zusammenführte,
weil wir uns etwas spiegeln können.
Ich bin froh und darf es uns gönnen.

Diese Gedanken dürfen gerne als kleine Meditation gelesen werden.

Mache es Dir bequem und lese Dir in Deinem Tempo, auf Deine Art, diese Worte vor.

Meine Liebe zu Dir

Meine Liebe zu Dir ist gefühlte Freude und Glück.
Sie bringt mich immer mehr zu mir selbst zurück.
Ich habe das Gefühl, ich kann Berge versetzen
und muss mich nicht mehr selbst verletzen.

Meine Liebe für Dich ist beständig und klar.
Ich bin dankbar, denn was ich erträumte, wird mit Dir wahr.
Jeden Morgen mit Dir aufwachen zu können
ist ein Geschenk, das wir uns gegenseitig gönnen.

Meine Liebe für Dich fühlt sich so frei
und doch so verbunden an.
Eine Kombination aus Faszination, Respekt
und viel Elan.
Wir ergänzen uns und teilen unser Glück.
Alte Verletzungen heilen, Stück für Stück.

Mit Dir habe ich die Heimat erreicht,
alles ist so ergänzend und leicht.
Ich bin zufrieden und voller Lebenslust.
Wir durchleben den Alltag und ich bin mir bewusst,
dass jede Sekunde Zusammensein ein Geschenk ist
und mein Herz das gemeinsam Erlebte nie mehr vergisst.

Musstest Du?

*Musstest Du früher auch auf andere hören,
brav sein, freundlich, Du solltest niemanden stören?
Worte, wie: „rede nicht so laut“
oder „falle ja nicht auf“ waren Dir so vertraut?
Dachten viele für Dich mit,
überwachten Dein Denken, Deinen nächsten Schritt?
Heute darfst Du endlich selbst bestimmen.
Es sei denn, das schlechte Gewissen will Dich noch zwingen
angepasst zu sein, weil Dich diese Erinnerungen mit der
Vergangenheit verbinden.
Dann ist es Zeit diese Hürde endlich zu überwinden.
Öffne das Tor zu den schönen Erlebnissen aus dieser Zeit.
Diese Verbindung trägt Dich dann ganz sicher sehr weit.
Ein Dankeschön von Dir an Dich und alles was Dich ausmacht.
Es ist so schön, wenn die Vielfalt in Dir endlich erwacht.*

Raum für ein Dankeschön an Dich:

Nur ein Traum?

Ich hatte einen Traum heute Nacht:
Die Liebe kam an die Macht.
Sie hat, zusammen mit dem Respekt, die Welt regiert
und Eifersucht und Neid haben kapituliert.

In meinem Traum durfte ich es im Schlaf erleben,
wie gemeinsame Ideen und Lebensfreude bewegen.
Dem Hass wurde seine Macht ganz leicht genommen.
Die Menschlichkeit hat plötzlich so viele Stimmen gewonnen.

Menschen, aller Nationen, überraschten mich mit ihrem Potenzial
und ich spürte, Frieden ist der Weg, wir haben gar keine Wahl.
Wurde noch vor Kurzem Zwietracht gesät,
erntete man jetzt Hoffnung und Vertrauen statt Naivität.

Auch als ich erwachte, war dieses wundervolle Gefühl noch in mir.
Ich weiß, dass ich diese Vision nie mehr verlier'.
Dafür werde ich eintreten voller Liebe und Entschlossenheit.
Ich freue mich auf jeden neuen Gast im Königreich der Dankbarkeit.

Revue passieren

Lassen wir unser Leben Revue passieren,
mussten wir schon vieles einfach akzeptieren.

Es gab immer besondere Lektionen,
vor denen konnte uns keine Flucht verschonen.

Manchmal kehrten wir um, kurz vor einem Etappenziel.
Mit Geduld und Verständnis änderte sich viel.

Nach jeder Niederlage
haben wir irgendwann die Kurve bekommen
und neuen Lebensmut und Vertrauen gewonnen.

Manche Erfahrungen waren wie Entziehungskuren.
Auf allen Wegen hinterließen wir Spuren.

Doch egal wie schwer uns die Vergangenheit auch geprägt,
fühle ganz bewusst: Dein Herz, es schlägt!

Ein Wunder, begleitet von Deinem regen Verstand.
Woher ich das weiß? Wir sind seelenverwandt.

Rückblick auf den Tag

Wenn ich am Abend etwas Zeit für mich habe
und einen Rückblick auf den Tag dann wage,
überdenke ich manches einfach noch mal.
Manche Dinge passierten so ganz ohne Wahl.

Bei anderen Erfahrungen musste ich entscheiden.
Nicht immer konnte ich Konfrontation vermeiden.
Wichtig ist mir, dass ich Frieden mit mir schließe
und mir nicht die Nacht mit Albträumen vermiese.

Zu allem was ich sagte und tat auch steh'.
Mit Respekt und Liebe mit meinen Fehlern umgeh',
somit auch andere Menschen entlaste.
Ich wünsche Euch eine erholsame Nacht... Namaste

Sehnsucht

Sehnsucht ist nie im Hier und Jetzt.
Sie ist auch nicht gekränkt oder verletzt.
Sehnsucht will uns führen und verwandeln,
weil wir durch sie etwas verändern und handeln.

Manchmal macht sie uns unzufrieden und das ist gut.
Sie verleiht uns sogar ungeahnte Kräfte und Mut.
Auch lässt sie uns träumen von anderen Zeiten,
uns eintauchen in Welten mit unendlichen Weiten.

Mein Leben hat sie irgendwann auf den Kopf gestellt
und am Ende des Tunnels meinen Blick so erhellt.
Ich bin dankbar, gebe ihr gerne einen Platz.
Bin neugierig auf sie, denn sie ist ein Schatz.

Ein Schatz, der sich immer mehr in mir entfaltet
und mein Leben viel bunter und aufregender gestaltet.
Ich hab' keine Angst mehr vor ihr und ihrem Tun.
Das lässt mich aufatmen und innerlich ruh'n.

Mit ihr, meiner Leidenschaft und meinem inneren Beben,
werde ich noch viel mit Liebe und Hingabe bewegen.
Schön, dass ich das mit vielen Menschen teilen kann.
Fangen wir mit ihr einfach neu zu leben und zu lieben an.

Traumreise

Lasst uns heute Nacht auf eine Traumreise geh'n,
auf eine Insel, auf der wir uns alle versteh'n.

Zusammen werden wir so viel erkunden
und wir erleben ganz herrliche Stunden.

Manche werden tanzen und viele Freunde finden,
so mancher wird seine Unsicherheit überwinden.

Ist das nicht herrlich, dass wir das können
und uns gegenseitig diese Träume gönnen?

Jetzt sind es noch Gedanken und diese sind frei.
Bist Du auf unserer Traumreise dabei?

Dann freue ich mich besonders auf diese Nacht,
wenn mich so ein wundervoller Mensch anlacht.

Manchmal hilft einfach die Vorfreude.
Vielleicht treffen wir uns heute Nacht in unseren Träumen.

Trennung

Wenn man sich von einem Menschen trennt,
seinen Gefühlen noch davon oder hinterher rennt.
Sich selbst oder dem Anderen die Schuld gibt.
Ganz vergessen will, dass man diesen Menschen mal geliebt.
Alles, was schön war, infrage stellt.
Sich dadurch wertlos und naiv sieht und feststellt,
dass dieser Mensch auch ohne einen glücklich sein kann.
Tut das verdammt weh, ob Frau, ob Mann.

Nimm Dich dann in die Arme und halte Dich fest.
Verspreche Du Dir, dass Du Dich niemals verlässt.
Verzeih' Dir die Fehler, die auch Du gemacht hast.
Fang an zu leben, damit Du nichts verpasst.
Dich begleiten zu dürfen ist eins Deiner schönsten Geschenke
und bitte Gott, dass er Deine Wege lenke.

Denn wenn Du Dich ganz annimmst und bleibst Dir treu,
wird Dein Leben ganz glücklich, voll Liebe und neu.
Das gönne ich jedem aus vollem Herzen.
Schluss mit Selbstzweifeln, Ängsten, Opferrolle und Schmerzen.
Das Leben ist zu kurz, um sich klein zu halten
und so schön, wenn wir es mit Liebe und Zärtlichkeit gestalten.

Sie tun gut

Sie tun gut, die Menschen, die mich versteh'n.
Und ein Stück des Lebens mit mir zusammengeh'n.

Sie fordern mich, die Menschen, die mich kritisieren,
in eine Schublade stecken und nicht respektieren.

Sie geben mir Kraft, die Menschen, die sich selbst treu bleiben
und mir damit ihr Innerstes ganz hüllenlos zeigen.

Es tut mir gut, wenn ich mich immer mehr versteh'.
und bedingungslos mit mir durch alle Emotionen geh'.

Ich freue mich, dass ich mittlerweile aus Kritik lernen kann.
Ich nehme alle Spiegel, die mir begegnen, als Lehrer an.

Es gibt mir Kraft, wenn ich jederzeit zu mir stehe.
Das größte Geschenk ist, dass ich mit mir so ehrlich umgehe.

Ich kenne noch lange nicht alles in mir, da gibt es noch viel.
Es bis zum letzten Moment auszukosten, das ist mein Ziel.

Verbundenheit

Ich denke an Dich, sehr oft einfach so.
Das tut mir gut, macht mich leicht und froh.

Manchmal rede ich mit Dir, bist Du gar nicht da.
Höre dann in Gedanken Deinen Kommentar.

Frage Dich um Rat, bekomme eine Antwort von Dir.
Geht eigentlich nicht, denn Du bist grad nicht hier.

Ich nehme den Hörer, will Dich anrufen,
doch Du bist schon dran.
Es ist unglaublich, dass es so etwas geben kann.

Bin ich mal verzweifelt, meldest Du Dich
und schenkst mir Dein Ohr.
Umgekehrt kommt es natürlich genauso oft vor.

Danke für diese Verbindung, sie ist voller Liebe und Respekt.
Sie hat in mir so viel Gutes geweckt.

Wann hast Du Liebe gefühlt?

Wann hast Du zuletzt in Dir Liebe gefühlt?
Hat sie Dich glücklich gemacht, Dich aufgewühlt?
Vielleicht hat sie sich vor einiger Zeit verirrt,
sich zurückgezogen und ist verwirrt.

Weiß sie, dass Du sie wirklich magst,
bei den Worten, die Du manchmal sagst?
Sie möchte von Dir neu entdeckt werden und gespürt.
Glaube daran und Du wirst wie von Zauberhand geführt.

Erinnere Dich an sie mit all Deinen Sinnen.
Du hast nichts zu verlieren, nur zu gewinnen.
Wie hat sie geduftet, hat sie Dich mit ihren Worten berührt;
schon allein durch den Klang ihrer Stimme
zum Träumen verführt?

Hast Du gelacht, warst Du gelöst und fühltest Dich frei?
Wer war in diesem Moment des Glücks noch dabei?
Sieh Dich an, wie wunderschön und leicht sie Dich macht.
Gerade in diesem Moment ist sie wieder ganz in Dir erwacht.

Die Liebe, die Dich erfüllt und die Du bist.
Ich wünsche Dir, dass Du das nie mehr vergisst.

Wer sich von einem anderen Menschen das Glück verspricht

Wer sich von einem anderen Menschen das Glück verspricht.
Enttäuscht ist, wenn es sich nicht einstellt oder dann zerbricht,

kann dabei nie erfahren, wie frei es macht,
wenn man eigenverantwortlich handelt, weint und lacht.

Der Andere ist meist überfordert bei diesem Rollenspiel.
Stets Held und Schurke zu sein ist, früher oder später, zu viel.

Anziehend und attraktiv ist ein Mensch, der sich selbst liebt
und ganz von allein dieses Gefühl dann weiter gibt.

In jedem Herz ist so viel Platz,
man muss für niemanden reservieren,
auch nicht bis in alle Ewigkeit dafür garantieren.

Gefühle und Gedanken sind, Gott sei Dank, frei.
Ich werde mich auf die Liebe einlassen, bist Du auch dabei?

Wer will Dir das Gefühl vermitteln

Wer will Dir das Gefühl vermitteln, Du wärst nicht recht,
wird Dir bei so manchen menschenverachtenden
Äußerungen schlecht?

Mir auch, also sind wir schon zwei.
Nur weil so mancher darüber weggeh'n kann,
ist er noch lange nicht frei.

Denkst Du, dass mit Dir etwas nicht stimmt,
wenn Dir die Ignoranz des Respekts den Atem nimmt?

Dann bin ich froh Dir sagen zu können.
Ich kann mir das Anderssein immer mehr gönnen.

Wurden Dir Deine Wahrnehmungen so oft widerlegt?
Dass Du irgendwann Deine Empfindungen hast abgelegt?

Lass sie uns wieder herausholen und den Staub entfernen.
Dir zu vertrauen, kannst Du jetzt wieder lernen.

Es wird alles sehr neu und aufregend sein,
lässt Du Dich auf all Deine Gefühle ein.

Stehst zu ihnen und begleitest Dich mit Liebe und Respekt
und freust Dich über jeden Menschen,
der Dir diese Neugier weiter weckt.

Wie befreit

Wie befreit bin ich heute Morgen aufgewacht
und habe über die letzten Tage nachgedacht.
Wie schön, dass ich mir meine Emotionen nicht dämpfen ließ.
Sie waren wirklich heftig, aufwühlend, schmerzlich und mies.
Ich habe im Außen nach einer Lösung gesucht.
Kam mir vor, als hätte mich mein innerer Rebell verflucht.
Im Kopf zu wissen, dass keiner schuldig ist,
wenn man sich selbst mal wieder straft und vergisst,
das ist nicht leicht und lässt nicht mehr in die Opferrolle geh'n.
Ich nahm mich an, konnte ich mich auch nicht versteh'n.
Irgendwann fühlte ich, mein Mut und mein Einsatz
wurden belohnt.
Ich spürte, dass da so viel Vertrauen und Dankbarkeit
in mir wohnt.
Mit so vielen Menschen durfte ich diese jetzt teilen.
Ach ist das schön jetzt wieder gerne in mir zu verweilen.

Gedanken dazu:

Mich hat Wut schon aus einem ganz tiefen Tal herausgeführt.
Ich fühlte Kräfte in mir, die mich erschreckten,
doch sie haben mich gerettet.
Durch sie konnte ich nicht weiter machen wie bisher, sondern sie zwangen mich dazu, etwas zu ändern, bevor ich noch krank wurde.

Mein innerer Rebell wurde zwar von allen schief angesehen und es war für mich schwer ihn auszuhalten, doch heute bin ich ihm sehr dankbar.
Ich stehe endlich zu meinen Empfindungen.

Rückblick

Wie viele meinten zu wissen, was für Dich das Beste sei?
Wer hörte Deinen stummen Hilfeschrei?
Wie oft gabst Du anderen die Erlaubnis, Dich kleinzumachen?
Wann hattest Du das Gefühl, dass sie über Dich lachen?
Wem hast Du irrtümlich Dein Vertrauen geschenkt?
Warum haben andere Dein Leben gelenkt?
Was hast Du alles abgelegt und unterdrückt,
welche Menschen waren von Deiner Kindlichkeit entzückt?
Wessen Rolle hast Du sonst noch gespielt?
Ein Leben lang immer auf Dich selbst gezielt.
Schau den Menschen an, den Du im Spiegel sehen kannst,
den Du so oft unterdrückst und verbannst.
Dieser Mensch ist das Wichtigste und Wertvollste, was Du hast.
Wie viele innige Momente hast Du mit ihm schon verpasst?
Wenn Du ihn endlich achtest und liebst,
ihm ein Zuhause mit Wärme gibst,
dann öffnest Du Dir Tor und Tür.
Deine inneren Kinder lieben Dich dafür.
Wie von Zauberhand, ganz von allein,
wollen auch andere zauberhafte Menschen bei Dir sein.

Wenn Du willst, kannst Du Dir die Fragen vom Text einfach ganz intuitiv beantworten.

Sind diese Menschen wirklich noch wichtig oder
benutzt Du sie nur um Dich zurückzuhalten?

Zeitlos

Immer wenn in mir die Liebe alle Zweifel überwiegt,
habe ich dieses unbeschreibliche Gefühl, dass noch mein ganzes Leben vor mir liegt.
Dann verliert Alter und Pflicht an Bedeutung und Macht,
denn durch die Liebe sind in mir schon so viele Seiten erwacht,
die ich bis dahin habe einschlafen lassen.
Lass' uns diese Wunder nie mehr verpassen.
Dieses Gefühl ist alltagstauglich, ich kann es immer mehr leben
und viel leichter meine Leistung bringen und doch auch abgeben.
Die Liebe hat einen neuen Partner in mir gefunden.
Sie hat sich mit meinem klaren Verstand verbunden.
Mit den beiden fühle ich mich gestärkt, sicher und voller Mut.
Dieses innere Paar tut mir einfach nur gut.

Meine Gedanken dazu:

Früher dachte ich, dass ich mal Probleme hätte mit dem Älterwerden.
Heute bin ich so aktiv und lebensfroh wie nie zuvor.
Es tut so gut zu fühlen, dass ich mich da, wo ich gerade bin, am wohlsten fühle.
Mit mir zu sein macht mir großen Spaß.

Zu viele Worte

Manchmal sind es einfach zu viele Worte, die einen erreichen.
Da hilft auch kein noch so geschicktes Ausweichen.
Denn die Erzähler merken in keinster Weise,
man hätte es jetzt lieber mal ganz leise.

Das ist anstrengend, obwohl man es schon seit der Kindheit geübt.
Hat man nicht zugehört, wurde man gerügt.
Wie stoppt man so einen Redefluss,
gibt vor, dass man eiligst weg muss?

Diese und andere Notlügen sind erlaubt,
wird man doch seiner Zeit und Energie beraubt.
Wartet man jedoch bis einem die Ohren bluten,
zählt man zwar zu den Lieben und Guten,
doch irgendwann wundert man sich, wenn der Tinnitus grüßt
und man für seine Gutmütigkeit und für sein Verständnis büßt.

Zumuten

Wenn Du das Gefühl hast, Du könntest Dich nicht zumuten,
den vermeintlich Ausgeglichenen, Fröhlichen und Guten.
Denke daran, dass wir alle nur Menschen sind
und jeder ist mal trotzig, wütend, traurig oder durch den Wind.
Ich mag Menschen, die sich zeigen mit allen Emotionen.
Die mich auch vor ihren sogenannten Schwächen nicht verschonen.
Gerade das lässt uns doch so menschlich sein.
Es ist ein wundervolles Gefühl, ist man damit nicht allein.

Schieb nicht alles auf das Wetter

Schieb nicht länger alles auf das Wetter.
Sei Dein eigener Lebensretter,
der Dich jederzeit erwärmen kann.
So fängt innere Freiheit an.
Zufriedenheit löst es aus,
holst Du Dich aus dem Frost heraus.
Lässt die Sonne in Deinem Herzen wieder zu.
Das, was da erfroren war, bist doch gar nicht Du.
Finde es wieder, das Feuer in Dir drin.
Der Weg, den es Dir zeigt, führt zur Liebe hin.
Dankbarkeit wird Dich erfüllen
und das Leben darf endlich Deine Sehnsucht stillen.

Zweierlei Maß

Wird in der Liebe manchmal mit zweierlei Maß gemessen?
Wenn unsere Kinder motzen, ist das so schnell vergessen.
Unser Herz hört nicht auf für sie zu schlagen,
ob sie weinen, lachen, schimpfen, plagen.

Beim Partner ist man oft nicht so tolerant.
Da funktioniert das Gehirn wie bei einem Elefant.
Alte Verletzungen werden sofort abgerufen und sortiert.
Alles, was er einem antat, wurde programmiert.

Vielleicht hilft in Zukunft ein Herzensprogramm,
das Zweifel und Misstrauen verwandeln kann.
Wie die Kinder dürfen wir dann vertrauen
und Ehrlichkeit und Fairness in uns aufbauen.

Mir tat es gut, dies einfach zu überdenken
und mich mit neuer Liebesenergie zu beschenken.

Einfach mal darüber nachdenken und wenn es so ist,
es sich bewusst machen und ändern. Liebe und Beziehung
wollen gepflegt werden.

Kapitel 2.

Herzensreise

Brief meines Herzens

Vater, ich wollte Dir abnehmen, was Du erlebt hast, all die Schwere.
Deine Sorgen, Deine Ängste, Deine Wut und auch Deine Leere.
Deinen Zwillingsbruder mit 6 Wochen verloren,
andere Geschwister gingen, kaum waren sie geboren.
Mit 4 Jahren starb auch noch Dein Papa.
Von da an warst Du als ältester Sohn für Deine Mutter da.
Ich fragte Dich mal nach Deiner schönsten Zeit im Leben.
Du sagtest, schon als Kind wolltest Du Deine Arbeitskraft geben.
Da wurdest Du immer gelobt und gebraucht.
Im hohen Alter hat Dich nie eine Arbeit geschlaucht.
Danke Vater, dass ich das von Dir geerbt habe.
Meine Liebe zur Arbeit ist auch eine Gabe.
Deine Kriegserlebnisse mit 17 Jahren haben so viel
in Dir zerstört.
Du hast uns Geschichten erzählt und wir haben zugehört.
Von Menschen, die gut zu Dir waren, obwohl man
sie Feinde nannte.
Wie man im Schützengraben ausharrte oder auch ums Überleben rannte.
Vater, ich habe diese Traurigkeit in Dir immer gespürt.
Sie hat mich zu Deinem innersten Schrei geführt.
Den hörte ich und fühlte Dein Weinen und Deinen Schmerz.
Ich wollte ihn tragen, er lag auf meinem Herz.
Vater nun hast Du alle Sorgen verloren, der Engel des Vergessens
hat Dich besucht.
Wird er auch von vielen Menschen gefürchtet und sogar verflucht.
Unbeschwert wie ein kleiner Junge darfst Du jetzt oft sein.
Manchmal bist Du ein richtiger Sonnenschein.
Vater, ich danke Dir für mein Leben.
Gerade, weil wir uns so auseinandersetzten,
hast Du mir so viel gegeben.
Du wirst immer einen Platz in meinem Herzen haben,
egal wo Du bist.
Ich bin sicher, dass Du mich auch nie vergisst.
Egal, welchen Namen Du nennst - ich weiß, dass Du mich ewig kennst.

Dankbar und hilflos-Demenz

Nach einer sehr lebhaften Nacht hab' ich über vieles nachgedacht.
Wie überheblich war ich manchmal und dachte ich wüsste Bescheid,
über Alter, Krankheiten, Ängste, Sorgen und Leid.
Ich stoße im Moment oft an Grenzen, weil ich es hautnah erlebe,
mich oft zwischen Verständnis, Liebe und Hilflosigkeit bewege.
Heute Nacht war mein Einsatz bis halb 5 Uhr stündlich gefragt
und mein Vater konnte nicht schlafen, egal was ich tat.
Für meine Mutter ist das auch schwer auszuhalten.
Können sie doch ihr Leben nicht mehr selbst gestalten.
Heute Morgen war ich etwas später dran, brauchte etwas Zeit für mich.
Als ich hochkam, hatte mein Vater eine Tasse Rotwein
und Krautsalat vor sich.
Ich spürte wieder seine Hilflosigkeit, sein Geist ist meist nicht mehr hier
und ein tiefes Gefühl der Dankbarkeit entfaltet sich in mir.
Ich darf im Moment über mich hinauswachsen, mich wieder neu erleben.
Empfinde Demut, Respekt, kann mich jedoch auch ärgern und aufregen.
Habe Menschen, die mich unterstützen und diese Erfahrungen mit mir teilen
und bei uns oder in unseren Herzen gerne verweilen.

Meine Gedanken dazu:

Diese Zeilen schrieb ich, als es einfach nicht anders ging. Ich musste mich um Vater kümmern und machte das Beste daraus. Ich genoss es auch, ihm endlich mal nah sein zu dürfen und ihm gut tun zu können. Erst später, als er im Pflegeheim war und ich ihm von da an nie mehr die Windeln wechselte, wurde mir klar: Diese Art von Nähe war es nicht, die ich suchte. Heute kann ich ihn als Tochter besuchen.

Danke, Eltern

Eltern, durch Euch habe ich mein Leben.
Ihr habt mir viele Erfahrungen mitgegeben.
Manches habe ich für Euch getragen,
ihr solltet Euch nicht noch mehr plagen.
Ich wollte eigentlich nicht in Eure Fußstapfen treten:
Nur schaffen, essen, sorgen, sparen und beten.
Mittlerweile erkenne ich und bin sehr dankbar dafür.
Ihr hattet für alle Menschen eine offene Tür.
Das habe ich geerbt, nein, das habt Ihr mir vorgelebt.
Mit Eurer Ehrlichkeit und mit Eurem Fleiß habt ihr so viel bewegt.
All diese Gaben nehme ich nun dankend an.
Ich weiß, dass ich damit, in der heutigen Zeit, so viel geben kann.
Meine Seele hat Euch als Eltern ausgesucht und das war gut.
Das zu erkennen, gibt mir so viel Vertrauen und Lebensmut.

Einfach mal darüber nachdenken:

Unsere Eltern gaben das, was sie geben konnten. Oft tragen wir noch schwer an alten Verletzungen und Erinnerungen.
Es wird jetzt Zeit, dass wir uns selbst die Eltern sind, die das in uns heilen.
Der innere Vater kann uns fördern und fordern.
Wir dürfen immer mehr vertrauen, wenn er uns seine Stärke und Kraft spüren lässt.
Wie schön, wenn die innere Mutter uns ganz annimmt und liebt mit allen Schwächen und Gaben. Stelle Dir vor, wie diese Energie Dich in Zukunft begleitet.

Danke, ich habe mein Lachen wiedergefunden

Ich habe mein Lachen und Strahlen heute Morgen wiedergefunden.
Längere Zeit hat mich Traurigkeit mit dem Schicksal
meines Vaters verbunden.
Die Gefühle, die er abstellen musste, um zu überleben,
weinte ich mit meiner Sensitivität und sie konnten
so viel in mir bewegen.
Danke auch für diese Zeit des Erkennens und der tiefen Emotion.
Dass ich da durch muss und viel erkennen werde,
wusste ich zwar schon.
Doch ist es, wenn man mittendrin steckt und leidet,
ein Gefühlschaos, das man immer am liebsten vermeidet.
Ich bin durch, mit allem, was da auftauchte und in mir bebte
und bin so froh, dass ich das alles zuließ und so erlebte.
Kann jetzt bei meinem Vater lassen, was zu ihm gehört.
Mein neu entflammtes Glück hat mich so richtig betört.
Durch die Annahme und Liebe für mein Leben,
das mir meine Eltern, Gott sei Dank, gegeben,
bin ich wieder einmal ganz bei mir angekommen
und habe so viele neue Eindrücke gewonnen.
Ich lasse Bedauern jetzt ganz los,
was unsere Vorfahren alles schafften, war so famos.
Ich freue mich über das Geschenk, heute leben zu dürfen,
in dieser Zeit.
In mir sind wieder so viel Wärme, Liebe und Fröhlichkeit.
Mein Strahlen erreicht alle meine Vorfahren, auch die,
die gegangen sind.
Unsere Herzen verbinden sich so leicht wie von Kind zu Kind.

Danke, Papa

Heute ist mein Vater wieder bei uns Zuhause gewesen.
Es ist wirklich bemerkenswert, was die Demenz in ihm gewandelt hat.
Seit ein paar Wochen hatte ich mit mir ein Problem,
wegen ein paar Kilo zu viel, die nicht mehr schwinden wollten.
Vorgestern machte ich mir eine Aufstellung, die mitunter auch zeigte, dass meine Mutter mir das so vorgelebt hat, indem sie alles tat, um schlank zu bleiben.
Als ich in der Ausbildung aus lauter Kummer zugenommen habe (musste alles in mich hineinfressen), hat sie mir, obwohl sie so viel Arbeit hatte, Diät gekocht.
Was ich so dankte, dass ich nachts von der Disco kam und heimlich im Abstellraum alles zusammensuchte, was ich entwenden konnte, ohne dass es auffiel, und dann gefuttert habe.
Meine Mutter wartete vergeblich auf das Ergebnis ihrer Kochqualitäten.
Heute saßen wir auf der Terrasse und Vater sagte mir den ganzen Mittag ohne Grund oder Thema: „Syra, du hast eine gute Figur!"
Immer und immer wieder und es tat mir so gut. Es hat uns alle verblüfft. Seit auch seine Sorgen, vom Engel des Vergessens, verwandelt wurden, ist mein Vater so einfühlsam und herzlich, wie ich ihn nie kannte.
Im Pflegeheim singt er oft vor und wird bewundert für seine Gabe und er fühlt sich wohl in seiner Welt.

Das sind die neuen Vatertage

Aufstehen, hochgehen, Vater versorgen,
denn wieder ist ein neuer Morgen.
Und genau wie es ein kleines Kind nicht interessiert,
ob Du geschlafen hast, weil es alles noch nicht kapiert.
Genauso sitze ich nachts an Vaters Bett, lass ihn reden,
halte einfach seine Hand.
Zeige ihm immer wieder den Weg zurück, steht er an
irgendeiner Wand.
Manche demenzkranke Menschen brauchen fast keinen Schlaf,
nicken tagsüber mal kurz ein, je nach Bedarf.
Meinen Vater überkommen dann alte Ängste aus der
Kinderkriegszeit.
Mit 17 Jahren begann für ihn ein unmenschliches Leid.
Nie konnte er das vergessen oder aufarbeiten.
Es sollte ihn sein ganzes Leben lang begleiten.
Ich bin bei ihm und kann mich über uns auch freuen,
wenn ich spüre, ich muss nichts Menschliches mehr scheuen.
Habe keine Berührungsängste mehr
und keine Handlung fällt mir schwer.
Verstehe immer mehr, wie wertvoll diese Lehre ist,
damit man auf seinem Weg die gelebte Menschlichkeit nicht vergisst.
Man kann vieles verstehen und auch weitergeben.
Die Wahrheit zeigt sich im eigenen Leben.
Demenzkranke soll man da abholen, wo sie grad sind.
Ich wünsche mir das für jedes Menschenkind.
Hole mich selbst immer wieder da ab, wo ich geblieben bin
und empfinde, auch diese schwere Zeit ist im Grunde ein Gewinn.

Geschrieben in einer sehr schweren Zeit

Pflege

Zuerst musste ich körperlich richtig leiden,
anscheinend wollte ich seelische Schmerzen vermeiden.
Habe nicht gemerkt, dass ich mich opferte und quälte,
weil ich das Gefühl hatte, dass ich so viel zählte.
Meine Gesundheit war mir anscheinend egal.
Die Demenz meines Vaters ließ uns keine Wahl.
Wer bei ihm war und ihn frisch machte
oder an seinem Bett nächtelang wachte,
das war für ihn nicht relevant.
Wie oft hat er mich gar nicht mehr erkannt?
Ich redete mir vieles schön und meinte ich sei stark genug.
Als meine Mutter zusammenbrach, spiegelte sie mir den Selbstbetrug.
Allen hatte ich anscheinend ganz überzeugend rübergebracht,
dass die Syra das übernimmt und dabei lacht.
Dabei waren wir uns früher nie wirklich nah,
doch jetzt ist er wie ein kleiner Junge, so lustig,
so liebenswert, so wahr.
Es tut weh, einzusehen, loszulassen und abzugeben.
Alles in Gottes Hände zu legen.
Im Pflegeheim, hier im Ort, hat er ein neues Zuhause gefunden.
Wir besuchen ihn oft und verbringen schöne gemeinsame Stunden.
Er singt fast den ganzen Tag und ich darf wieder Tochter sein.
Es wird gut für ihn gesorgt, er ist nicht allein.

Das Gedicht habe ich nach einer sehr schweren Zeit geschrieben. Die Eltern zusammen Zuhause war nicht mehr möglich. Vater war durch die Demenz unberechenbar und musste die ganze Zeit beaufsichtigt werden. Mutter war so gebrechlich und konnte nicht alleine gehen. Nachts schlief er kaum und wanderte durch die Wohnung. Das war gefährlich für ihn und für Mutter. Morgens war ich meist ganz kaputt, weil ich die ganze Nacht rennen musste und aufpassen. Es war für mich, als würde ich ein Kind weggeben. Ich saß oft abends heulend im Auto vor dem Pflegeheim. Er hat es gar nicht wirklich mitbekommen und lebte sich sehr gut ein.

Der Engel des Vergessens.

Es war einmal ein Mensch, den besuchte regelmäßig die Liebe, doch er verweigerte ihr den Einlass. Mal war er zu beschäftigt, mal zu müde.
Er bekämpfte sie sogar mit spitzer Zunge, Ironie und Zynismus.
Er konnte es ihr einfach nicht glauben, dass sie bei ihm sein wollte.
Zu groß war seine Angst vor ihr, dass sie vielleicht nur mit ihm spiele und ihn dann verlassen könnte, wenn sie ihn besser kennen würde.
Er hatte sehr viel Schlimmes erlebt und sein Verstand regierte ihn seit vielen Jahren.
Der sagte ihm, was sein kann und was nicht sein darf.
Seine Schuldgefühle wiesen alles von sich, was er nicht tragen konnte und irgendwann, um zu überleben ablegen musste.
Die Liebe jedoch fühlte, dass hinter diesem Panzer eine verletzte liebenswerte Seele wohnt.
Sie wurde nicht müde, immer wieder da zu sein.
Sie zeigte sich in vielen Gestalten, die auf ihn zugingen und ihm zeigen wollten, dass seine Nähe bereichernd sein kann.
Er selbst hielt sich nicht gerne aus und lenkte sich mit vielen Dingen ab. Seine Erfahrungen aus der Vergangenheit rieten immer wieder von der Liebe ab, im Kampf gegen sie vollbrachte er Höchstleistungen. Arbeiten, um gebraucht zu werden, und Fleiß machte er zu seinen Wegbegleitern.
Die Liebe fand nicht mehr viele Menschen, in denen sie sich ihm zeigen durfte, weil manche so enttäuscht waren von seiner Ablehnung und Ungerechtigkeit, dass sie sich zurückzogen.
Eines Tages, als die meisten schon aufgegeben hatten, besuchte ihn ein unbekanntes Wesen, das vergessen lässt.
Und zwar so, dass keiner es anfangs wirklich wahrnahm und er konnte es nicht mehr abweisen, weil es sich nicht abweisen ließ.
Es bestimmte bald seinen ganzen Geist und irgendwann stellte es sich vor:

„der Engel des Vergessens“

Menschen nennen mich Demenz.
Der betroffene Mensch verstand zu diesem Zeitpunkt schon nicht mehr, was dieser Besuch bedeuten sollte, die Liebe jedoch verstand sehr gut.
Am Anfang genoss sie es einfach mal bei ihm sein zu dürfen.
Wie ein Kind empfing er sie jetzt und wie ein Kind gab er ihr einen Platz in seinem Leben und in seinem Herzen.
Und wieder besuchte sie ihn in vielen Gestalten und Erlebnissen.
Immer mehr Menschen wollte sie wieder zu ihm bringen, denn er hatte den Kampf gegen sie ganz aufgegeben.
In ihm entfaltete sie sich, die Liebe, und wenn er irgendwann geht, zurück zur Heimat, wird diese Liebe in unseren Herzen weiterleben.
Wir sind dankbar, dass wir sie gemeinsam erleben durften.
Sie hat uns geschult, gefordert, zu Geduld geführt und glauben lassen, erfüllt und stark gemacht.
Sie ist die größte gemeinsame Macht, auch von Himmel und Erde.

Geschrieben im Januar 2012
Gedanken, die in mir aufkamen durch Vaters Krankheit

Die Herzen wollen oft so viel sagen

Die Herzen wollen oft so viel sagen,
doch meist können sie es erst durch eine Krankheit wagen.
Endlich müssen sie abgehört werden,
man bestätigt ihre Beschwerden.
Und das durch Arzt mit Brief, Siegel und Attest,
Medikamente übernehmen den Rest.
Dann braucht man sich nicht auseinanderzusetzen
und kann lieber von Wartezimmer zu Wartezimmer hetzen.
Um endlich gesagt zu bekommen,
dass alles physisch zu erklären ist.
Weil die Seele das ja immer wieder vergisst
und solche unangenehmen Mätzchen macht.
Wie gut, wenn dadurch manchmal ein Zweifel erwacht.
Gott sei Dank, denn der kann uns zur Eigenverantwortung bringen
und Heilung durch Umdenken kann gelingen.
Wenn wir uns die Ängste dahinter anschauen,
sind es die gleichen, ob bei Männern oder Frauen.
Angst, nicht recht zu sein, so wie man sich gibt.
Die Überzeugung, dass man leidet, wenn man liebt.
Ich kann nur empfehlen, achtsam mit sich umzugehen.
Und endlich zu sich und zu seinen Bedürfnissen zu stehen.

Wichtig:

Diese Gedanken ersetzen keinen Arztbesuch.
Sie können jedoch sehr ergänzend sein. Mir tat es immer sehr gut, die Worte von Louise L. Hay zu lesen oder zu hören.

Ihr Buch:

„Heile Deinen Körper, liebe Deinen Körper" begleitet mich seit vielen Jahren.

Du bist recht!

Hast Du schon früh gefühlt, dass Du anders bist?
Hast Du Mitgefühl, unter den Menschen, oft vermisst?
Lebten die Erwachsenen wirklich das vor, was sie Dir erzählten?
Wen hattest Du, wenn Sorgen und Ängste Dich quälten?
Bist Du dem Menschen auch mal dankbar,
der immer, in jeder Situation bei Dir war?
Oder vergisst Du ihn viel zu oft,
und hast Dir, von einem anderen, die Zuwendung erhofft?
Du bist der Mensch, der Dich schon ein Leben lang kennt.
Dich jedoch viel zu oft beim falschen Namen nennt.
Sieh in den Spiegel und halte dem Blick stand.
Gib Dir dabei selbst ganz liebevoll die Hand.
Jede Emotion in Dir hat ein Recht und einen Sinn.
Sage auf Deine Art: wie schön, dass ich ich bin.

Gedanken dazu:

Wenn Du diese Gefühle teilen kannst und Du noch etwas für Dich tun willst, dann stelle Dich vor den Spiegel und schaue Dir in die Augen.

Spreche laut und deutlich: Ich bin jetzt für mich da und stehe zu mir.

Ich bin anders und das ist gut so. Ich nehme mich mit allem in mir an.
Nenne Dich zum Abschluss beim Namen und sage: Danke für alles, was wir schon gelebt haben und noch leben werden.

Es war einmal

Es war einmal ein Mädchen, das suchte von klein auf nach einem Menschen, dem es seine große Liebe schenken konnte.
Keiner, auf den es traf, wollte sie annehmen. Sie waren so beschäftigt und gefangen, dass sie sich sogar bedroht fühlten von diesem Wesen mit diesem bedingungslosen Gefühl.
Ihr wurde so viel unterstellt, nur damit man sie sich vom Hals halten konnte. Etwas musste mit ihr nicht stimmen, so kann man nicht sein und vor allem, so konnte man sie nicht sein lassen.
Je mehr man ihr erklärte, dass ihr Anderssein verkehrt ist und dass sie mit der Art nie durchs Leben kommen könnte, desto mehr fühlte sie sich mit Gott (der Liebe) verbunden.
Sie erinnerte sich an Zuhause. Das ließ sie sich nie nehmen.
Oft war ihre Sehnsucht so groß, dass sie am liebsten zurückkehren wollte, doch trotz Flehen und Betteln hatte die Liebe etwas anderes mit ihr vor.
So wuchs sie heran mit dem Empfinden, dass fast alle um sie herum normal sind und dass ihre Gefühle so nicht sein dürften.
Als sie ins heiratsfähige Alter kam, lernte sie einen Mann kennen, der sehr gut zu ihrer Familie passte. Das war ihr vertraut und ihren Eltern war es recht, dass jetzt jemand da war, der die Sorgen und Lasten der Welt mit ihnen teilte.
Nur die junge Frau konnte mit ihm nicht ihre wundervollen Erinnerungen teilen und ihre Liebe konnte er nur bedingt annehmen.
Irgendwann schenkte ihnen das Leben zwei wundervolle Kinder. Zum ersten Mal hatte sie das Gefühl, ihre Liebe geben zu dürfen.
Die bis dahin schönste und zugleich auch schwerste Zeit ihres Lebens begann. Man hatte ihr jahrelang vorgelebt, was es heißt, Verantwortung zu tragen und zu lieben. Sorgen haben.
Die Kinder bereicherten ihr Leben und sie blühte richtig auf und fühlte sich das erste Mal recht und angenommen. Sie lebte für und mit ihrer Familie, was ihre Eltern auch immer mit einschloss.
Als die Kinder größer wurden und ihre eigenen Wege gingen, konnte die Frau ihre Sehnsucht nicht mehr bändigen. Alle klugen Sprüche, mit denen sie sich all die Jahre zurückgehalten hatte, nützten nichts mehr. Sie musste ausbrechen aus dieser Normalität. In dieser Zeit kam sie wieder ganz stark in Verbindung mit der Heimat. Diese Erinnerungen ließen sie wachsen und sie verwandelte sich. Sie entdeckte so viel Lebenslust und Wärme in sich, die sie so gerne teilen wollte.

Irgendwie schickte ihr der Himmel plötzlich immer mehr Menschen, die ähnlich fühlten wie sie.
Ein wundervolles Gefühl, doch nicht so verkehrt zu sein. Sich angenommen zu fühlen und mit dieser neuen Lebenslust anzustecken und natürlich in der Familie auch anzuecken war abenteuerlich. Wie liebte sie dieses Abenteuer, sich wieder neu zu entdecken und führen zu lassen, mit dem Vertrauen, das ihr all die Jahre niemand rauben konnte.
Mit dieser Energie befreite sie sich immer mehr aus vielen Zwängen und Vorstellungen. So blieb es nicht aus, dass sie einen Menschen anzog, mit dem sie erfahren durfte, dass sie lieben darf, auf ihre ganz eigene Art und Weise.
Es war kein Prinz, obwohl er aus dem Land der Märchen kommt und er holte sie auch nirgends raus oder entführte sie in sein Schloss. Nein, er unterstützte sie in ihren eigenen Fähigkeiten und traute ihr zu.
Das kannte sie nicht, zu nichts gedrängt zu werden. Er sorgte sich nicht um sie, weil er ihre Stärke erkannte. Das war erst mal neu.
War ihr doch Sich-Sorgen all die Jahre als Liebe vertraut. Sie lernte ihn beim Tanzen kennen und er konnte ihre Liebe annehmen.
Plötzlich war alles so leicht, sogar das Drama abzulegen, das sie zu Anfangszeiten noch brauchte.
Ein Mann, der genau das Gegenteil von ihr lebte und erlebte und doch fühlte es sich an, wie eine Ergänzung dessen, was immer gefehlt hatte.
Dieses Gefühl war unbeschreiblich, sie ergänzten sich und erlebten Unglaubliches.
Schon bald teilten sie Tisch und Bett und viel, viel mehr. Jeder fühlte sich ganz, durch das Wissen, dass es den anderen gibt und dass man liebt.
Jeden Sturm meisterten sie und nach jeder Auseinandersetzung fühlten sie sich noch näher.
Sie durften immer mehr erfahren, dass sie füreinander bestimmt waren.
Diese Sehnsucht aus der Vergangenheit hatte sie zusammengeführt. Denn das waren immer Grüße aus der Heimat. Jetzt wurden sie beide belohnt und führten ein Leben, von dem sie nie zu träumen wagten. Und weil die Liebe sich vermehrt, wenn sie geteilt wird, teilen sie ihre Geschichte gerade mit einem wundervollen Menschen.
Glaube daran, dass Dein Märchen wahr werden kann.

Finde Dein Tempo

Finde Dein Tempo, gebe Dir die Zeit.
Besinne Dich, komme zu Dir, es ist soweit.
Wenn nicht jetzt, wann dann?
Wann kommt Dein eigenes Lebensgefühl an?
Jeder ist anders, auch Du hast das Recht dazu.
Dies zu leben erfüllt mit innerer Ruh'.
Lass es los, anderen hinterher- oder vorauszuhetzen.
Es geht darum das, was Du fühlst, umzusetzen.
Ganz zu Dir, Deiner Entwicklung und Deinen Gefühlen zu stehen
und aufrecht, Deines Wertes bewusst, vorwärtszugehen.
Immer öfter ankommen und zu verweilen im inneren Zuhause.
Gönne Dir die nötige Verschnaufpause.
Damit Deine Seele nachkommen kann, wenn sie soweit ist.
Es ist wunderschön, wenn sich keiner mehr mit dem Andern misst.
Mensch sein und Mensch sein lassen.
Dieses Geschenk sollten wir nicht verpassen.

Gedanken dazu:

Manchmal setzen wir uns unter Druck. Wir haben das Gefühl die Zeit läuft uns davon. Wir sehen, dass andere so manches in kürzerer Zeit schaffen und meinen wir müssten das auch können.
Lasse Druck los, den Du Dir auferlegt hast. Du durftest doch schon so oft erfahren:
Du warst zur richtigen Zeit am richtigen Ort, mit den richtigen Menschen zusammen.
Bleibe ganz bei Dir.
Wie schön, wenn Du Dich nie mehr mit anderen messen oder vergleichen musst, weil Du mit Dir verständnisvoller umgehst.

Gedanken von mir

Im tiefsten Tal fand ich bis jetzt immer den höchsten Raum
über mich hinaus zu wachsen. Das darf sich ändern.
Selbst auf dem höchsten Berg ist Richtung Himmel keine Grenze
gesetzt, mich voll zu entfalten.

Findet man Gefallen vor der eigenen Tür zu kehren,
braucht man sich nicht mehr
über den Dreck von anderen beschweren.

Hätte ich die Weisheit mit dem Löffel gefressen,
müsste ich sie irgendwann auf natürlichem Verdauungsweg
loslassen.
Gebe ich ihr jedoch die Chance durch Menschen, Erfahrungen und
Situationen,
sich in meinem Geist und meinem Herzen immer weiter ausbreiten zu
dürfen,
dann wird sie keine Klugscheißer anziehen, sondern Menschen
mit Verstand und Gefühl.

Es sagt viel über jemanden aus, welche Worte er gebraucht,
andere klein zu machen, um sich zu profilieren.
Es sagt noch mehr über einen Menschen aus,
mit welchen Gesten er andere aufbaut
und sich mit ihnen an ihrer Größe freuen kann.
Eine der wichtigsten Aussagen
ist die, mit der Du Dich selbst, Deiner Entwicklung entsprechend,
mit Respekt und Liebe begleiten kannst und zulassen,
dass Du das Wertvollste bist, was Du hast.
Schätze Dich und niemand wird es je wieder schaffen,
sich auf Deine Kosten zu amüsieren.

Herzensspeicher

Alles, was ich im Herzen speichern kann,
kann ich abrufen, wenn ich es brauche, irgendwann.
Jeder Sonnenaufgang, den ich schon mal erlebte,
jede Emotion, die mich damals bewegte;
alles hat da seinen Platz und seinen Raum.
Manchmal brauchen wir diesen Tagtraum,
um zu überleben und umkehren zu können.
Wir sollten uns diese Auszeit ab und zu einfach gönnen.
Das befreit und zeigt uns, was wir schon alles erlebt haben,
mit uns und unseren wundervollen Gaben.

Die innere Familie

Sei Dir die Mutter, die Du Dir immer gewünscht hast.
Lebe mit Dir so, dass Du keine Liebe mehr verpasst.
Sei Dir der Vater, der Dich fördert und animiert.
Freue Dich über das Kind in Dir, das diese Eltern respektiert.
Deine Herzensgeschwister sind oft nicht mit Dir verwandt.
Ihr habt Euch aus der Vergangenheit in Liebe erkannt.
Diese innere Familie gibt Dir Halt und Selbstbewusstsein,
und das wundervolle Gefühl: Du bist nie mehr allein!

Herzensstimme

Ignoriere bitte nicht,
wenn Deine Herzensstimme zu Dir spricht.
Sie kann so viel verwandeln und umgestalten,
lässt Du sie sprechen und sich entfalten.
Ziehe ruhig Deinen Freund, den Verstand hinzu
und entscheidet dann in aller Ruh'.
Die Gefühlsseite braucht die Kopfseite
nicht auszuschließen.
So kann man eigenverantwortlich
die Geschenke des Lebens genießen.

Herzensverbindung

Jeder Mensch ist individuell verschieden,
doch fast alle haben den Wunsch zu lieben.
Das verbindet Herzen auf der ganzen Welt.
Ist den meisten wichtiger als Macht und Geld.
Mögen solche Wünsche in Erfüllung geh'n
und viele die Sprache ihrer Gefühle versteh'n.

Kinder sind Geschenke des Himmels

Wenn jedes Kind auf der Welt bekommen würde,
was es verdient hat,
wären alle wundervollen Geschöpfe versorgt und satt.
Außerdem würden sie geliebt, wie und wo sie auch immer sind.
Das verdient auf der ganzen Erde jedes einzelne Kind.
Teilen wir unsere Liebe mit der Zukunft der Welt
und genießen jedes Kinderlachen, das den Himmel erhellt.

Wie die Kinder

Wie gut es tut, Dich Lachen zu sehen.
Ein Gefühl als würde die Sonne aufgehen.
Du steckst mich an mit Deiner Lebenslust.
Sie ist so ehrlich, herzlich und bewusst.
Du zeigst alle Facetten von Dir ganz offen.
Deine Menschlichkeit tut gut und lässt hoffen.
Danke, dass Du mit mir auch diese Freude teilst
und für immer in meinem Herzen verweilst.

Leben wir es vor?

Leben wir Kindern vor, dass auch Erwachsene glücklich sein können.
Etwas Besseres können wir ihnen gar nicht gönnen.

Sie brauchen Menschen, die nicht nur klagen,
sondern zu dem stehen, was sie tun und sagen.

Zeigen wir ihnen, wie dankbar wir sind, dass es sie gibt,
und lernen wir von ihnen, wie schön es ist, wenn man liebt.

Einfach Mal darüber nachdenken:

Was hätten wir uns gewünscht von unseren Eltern?
Doch bestimmt, dass sie glücklich, gesund und zufrieden sind.
Kinder brauchen keine Belehrungen, die man nur weiter gibt.
Sie brauchen Vorbilder, die ihnen zeigen, was es heißt,
eigenverantwortlich und achtsam mit sich selbst umzugehen und
dankbar für dieses Leben zu sein.
Wie schön, dass es uns unsere Kinder oft wert sind etwas zu ändern.
Es müssen nicht die eigenen Kinder sein, die uns verwandeln.

Lieber Gott

Man hat mir gesagt, Du würdest strafen.
Belohnen würdest Du nur die Angepassten und Braven.
Man hat mir das Gefühl gegeben, Schuld zu sein
und um dazuzugehören, bräuchte ich einen Heiligenschein.
Man hat Dich so oft total falsch beschrieben.
Wie konnte ich Dich trotzdem immer lieben?
Ich habe mich an Dich erinnert, an Zuhause.
Dadurch fühlte ich, Deine Güte macht nie Pause.
In so vielen Menschen bist Du mir schon begegnet.
Diese Verbindungen sind von Dir gesegnet.

Meine Gedanken dazu:

Gott ist für mich Liebe.

Die Bücher von Pater Anselm Grün haben mir sehr geholfen,
Schuldgefühle verwandeln zu können.
Besonders „50 Engel für das Jahr" begleitet mich seit 10 Jahren.

Ich schlage einfach eine Seite auf und bekomme die Antwort,
die ich brauche.
Seine Menschlichkeit und seine Güte tun sehr gut.

Mama

Mama, Du warst immer für mich da,
standst mir schon vor meiner Geburt so nah.
Hast viele Nächte für mich gewacht
und stets an mich und mein Glück gedacht.
Dein Lachen tut mir stets so gut
und Deine Umarmung gab mir immer Mut.
Jetzt darfst Du ausruhen, ich wache für Dich.
Bin bei Dir, das ist so wichtig für mich.
Halte Deine Hand und weiß, dass Du es spürst,
weil Du auch im Schlaf mein Herz berührst.
Mama, es soll geschehen, was für Dich das Beste ist.
Wir sind zusammen, weil keiner den Andern vergisst.
Du bleibst in meinem Herzen bis in alle Ewigkeit,
voller Liebe, Wärme und Ehrlichkeit.
Du bist die beste Mama auf der Welt.
Ich habe für uns ein Wunder bestellt.

Gedanken dazu:

Dieses Gedicht habe ich für einen jungen Mann geschrieben, dessen Mutter im Koma lag. Als ich es nach Wochen auf meiner Buchseite veröffentlichte, gab es zahlreiche Kommentare und mitfühlende Worte.
Viele Leser beschrieben ihre eigene Erfahrungen dazu, andere wollten beten für die Frau. Alle wünschten ihnen das Beste.
Am Abend dieses Tages schrieb mir die Cousine, dass ihre Tante wieder aufgewacht ist. Es war sehr rührend und ich hatte das Gefühl, dass die vielen Menschen und ihre Anteilnahme auch ein bisschen dazu beigetragen haben.
Soviel ich weiß, geht es der Frau inzwischen wieder gut.

Mein Herz hat sich entschieden

Mein Herz hat sich entschieden,
Dich, so wie Du bist, zu lieben.

Da will der Verstand auch nichts dagegen machen,
hörte er mich doch lange nicht mehr so freudig lachen.

Du tust mir gut, ich fühle mich neu.
Kann ganz tief empfinden und hab' keine Scheu',

mich Dir zu zeigen in allen Facetten, mit allem in mir.
Die Liebe ist herrlich, wenn ich sie auch niemals kapier'.

Mensch sein

Mein Gott, bin ich froh nicht perfekt zu sein.
Ich brauche keine Auszeichnung und keinen Heiligenschein.
Weil ich nur Mensch bin und das reicht.
Lebe ich das, wird alles so leicht.

Mein Gott, bin ich froh, dass Du das Kreuz für uns schon getragen.
Du wolltest also nicht, dass wir uns nur plagen.
Ich weiß, Du freust Dich, wenn ich für mein Leben dankbar bin.
Wenn ich diese Freude und Dankbarkeit teile, ist es in Deinem Sinn.

Mein Gott, egal, wie Dich jeder nennen mag.
Du begegnest mir in so vielen Menschen Tag für Tag.
Egal welchen Alters, aus welchen Land, ob Mann, ob Frau.
Wenn wir uns in Dir finden, spüren wir das ganz genau.

Mein Gott, das zu wissen und darauf zu vertrauen.
Lässt mich gelassen in die Zukunft schauen.
Die Zeit, in der ich vorher alles rechtfertigen musste
und beweisen,
bleibt mir nun für meine intensiven Seelenreisen.

Mein Gott, danke, dass DU DIR gerade Zeit nimmst,
für meine Zeilen.
Und dass wir so oft zusammen verweilen.
Mal nachdenklich, mal fröhlich, auch traurig dürfen wir sein.
Das Schönste und Wertvollste ist, wir sind niemals allein.

Mit einem Lächeln

Wie oft wollte ich mich in der Vergangenheit hinstellen
und mit einem Lächeln den Himmel aufhellen,
damit es dem Gegenüber besser geht
und nichts Negatives zwischen uns steht.
Ich hatte Gefühle der Liebe in mir,
weil ich so viele Dinge im Andern nachfühlen kann und kapier'.
Wer hat von mir verlangt, dass ich Handschuhe anzieh,
wenn mein Gegenüber auf mich zielte und schrie?
Damit meine Worte nicht noch mehr anrichten,
wollte ich lieber dämpfen und schlichten.
Ich bekam es von den wichtigsten Menschen so vorgelebt
und deshalb hat sich da bis heute nicht wirklich viel bewegt.
Jetzt kann ich es ändern, denn es ist mir bewusst.
Das fühlt sich gut an, weckt in mir eine sonnige Lust.
Ganz bei mir zu bleiben im Hier und Jetzt.
Wichtig ist, dass man sich selbst nicht mehr verletzt.

Kennst Du das auch?

Vielleicht ist dann meine Idee, wie man das Loslassen unterstützen kann, für Dich auch eine kleine Hilfe.
Wenn du ein Gymnastikband hast, stelle Dich vor den Spiegel auf die Mitte des Gummis.
Halte jeweils ein Ende mit einer Hand fest. Dann zeige Dir mal, was Du die ganze Zeit immer wieder festgehalten hast, indem Du die Enden hochziehst.
Fühle die Spannung. Schaue Dir in die Augen und verspreche Dir: „Ich lasse jetzt alles los, was mich blockiert, glücklich, gesund und erfolgreich zu sein."
Die Arme dürfen ganz nach oben ausgestreckt sein. Loslassen heißt Hände aufmachen. Es darf ruhig mal laut knallen. Man kann es so oft wiederholen, wie man es braucht.

Noch ein paar Gedanken von mir

Du bist wie eine Blume, deren Wert und Schönheit nicht jeder zu schätzen weiß, weil Du Dich noch nie mit den Augen eines Blumenliebhabers sehen konntest, der genau Dich zu seiner Herzensblüte auserkoren hat.
Egal wie man Dich nennt.
Dein Anblick kann so viele Menschen erfreuen und Mut machen.
Du bist ein Geschenk des Himmels.

Geben wir uns die Zeit erleben zu dürfen, wie es sich anfühlt, endlich einfach nur zu SEIN.
Den Rat von Schlägen zu unterscheiden und uns das Beste zu gönnen.
Schenken wir uns die Erkenntnis, dass es bei Millionen vielleicht schneller geht oder leichter oder auch nur anders. Jeder von uns hat seinen individuellen ureigenen Weg.

Versuche nicht, auf Teufel komm raus, lieb, angepasst und verständnisvoll zu sein, sonst zeigt er sich Dir in deinem Gegenüber und das kann für beide die Hölle bedeuten.

Leben und leben lassen

Obwohl ich weiß, dass ich nicht dafür verantwortlich bin,
was meine Worte bei Dir auslösen, ist es mir wichtig,
wie Du Dich dabei fühlst.
Sollte ich Dich unbedachterweise verletzt haben
oder Dir zu Nahe getreten sein, dann können wir nur beide etwas daraus lernen, wenn wir uns mitteilen.
Wenn ich auch weiß, dass Du nicht dafür verantwortlich bist,
was Deine Worte bei mir auslösen, möchte ich doch auch
meinen Gefühlen dazu Raum und Zeit geben.
Durchleben mit allen Emotionen, die hochkommen möchten,
weil jetzt die Zeit dafür reif ist.

Seelennähe

Dich da zu erreichen, wo Du emotional grad bist.
Dir geben zu können, was Du so sehr vermisst.
Deine Nummer zu wählen, wenn Du an mich denkst.
Alles annehmen zu können, was Du mir leicht schenkst.
Deine Antwort abzuwarten, auch wenn ich meine, sie zu kennen.
Vor Deinen Lasten und Schmerzen nicht davonzurennen.
Ich muss Dich nicht versteh'n zu jeder Zeit.
Ich kann uns beide annehmen, in unserer Empfindsamkeit.
So leicht kann Freundschaft sein und so wunderbar.
Unsere Seelen sind sich, aus der Vergangenheit, so nah.

Seelenvertrag

Du brauchst Dich nie mehr zu vergleichen.
Musst keiner Reaktion mehr ausweichen.
Du kannst bleiben, wie Du bist oder Dich wandeln,
abwarten, überlegen oder gleich handeln.
Du entscheidest, sobald Du weißt:
Wer Du wirklich bist und wie Du heißt.
Du bist Du und wolltest nie ein(e) Andere(r) sein.
Deine Seele ließ sich auf dieses Leben ein.
Sie traute es Euch zu und möchte Dich führen.
Lass Dich von diesem Wunder berühren.
Koste es aus voller Dankbarkeit.
Mit viel Gefühl und Menschlichkeit.

So oft entschuldigt

Wie oft habe ich mich entschuldigt im Leben.
So viel Schuld konnte es gar nicht geben.

Ich glaube, ich habe mich entschuldigt, dass es mich gibt
und mir erhofft, dadurch werde ich angenommen und geliebt.

Ich habe es damit anderen leicht gemacht,
haben sie doch ganz erhaben über meine Fehler gelacht.

Zu denen stehe ich jetzt und auch zu meiner Größe.
Fehler einzugestehen ist keine Blöße.

Schuld und Schuldzuweisungen lasse ich los, ein für alle Mal.
Ich entscheide mich dafür, ich treffe jetzt die Wahl.

Gedanken dazu:

Ich habe mich immer schuldig gefühlt und für alles verantwortlich, was in meinem Umfeld geschah.
Im Laufe der Jahre durfte ich sehr viele dieser blockierenden Gefühle loslassen.
Das tut so gut. Wenn wir erkennen, dass wir aus Fehlern lernen können und zu uns und unserem Tun stehen, dann kann sich so viel verwandeln.

Steh' auf

Steh' ganz behutsam wieder auf.
Lasse Deinen Tränen trotzdem ihren Lauf.

Es ist nicht nötig, dass Du Dich da unten hältst
und immer wieder tiefer fällst.

Du kannst Dich hochholen und begleiten,
musst Dich nicht mit Deinen Emotionen streiten.

Auch Deine Traurigkeit hat eine Berechtigung und einen Sinn,
nimmst Du sie nicht als Strafe hin,

sondern als Chance, Deinen Gefühlen Raum zu geben.
Alles in Dir ist wertvoll für ein glückliches Leben.

Meine Gedanken dazu:

Menschen, die man liebt, möchte man glücklich sehen.
Noch schöner ist es, wenn sie dieses Glück dann mit einem teilen.
Sie auch auszuhalten in ihrer Trauer, Traurigkeit, Angst oder Wut, ist nicht leicht.
Doch es ist ein ganz großer Liebesbeweis, wenn man ihnen, auch diese Gefühle zugesteht, und zwar genau so lange, wie sie es brauchen. Man sollte niemanden dafür bedauern oder rausholen wollen. Einfach nur begleiten und das Gefühl geben: Auch das darf sein. Vielleicht kann man durch die eigene Lebensfreude wieder einen Weg aufzeigen, wenn die Zeit dafür gekommen ist.

Stelle Dir einfach mal vor!

Stelle Dir einmal vor,
Du stehst vor einem großen eisernen Tor.
Dahinter befindet sich ein Liebespaar,
die sind so glücklich, sich so nah.
Kannst Du diese Innigkeit nachempfinden,
fühlen, wie sie sich in Liebe und Zärtlichkeit verbinden?
Wie berauschend, lässt man sich so aufeinander ein?
Einfach genießen, einfach empfinden, einfach sein.
Du siehst dieses Paar noch nicht, doch Du weißt, dass es sie gibt.
Deine Sehnsucht kennt das Gefühl, wenn man richtig liebt.
Diese Liebe wird Dich leiten und führen,
auch wenn Du Dir vorgenommen hast, sie nie mehr zu spüren.
Schaue das Tor genauer an, es hat ein großes Schloss
in Höhe Deiner Augen
und es steckt sogar ein Schlüssel drin, kaum zu glauben.
Natürlich kann es anstrengen, ihn da oben umzudrehen.
Es tut eventuell. auch weh, lassen Dich die beiden einfach stehen.
Doch Du wirst gar nicht anders können,
Dein Herz und Deine Seele wollen sich diese Zusammenkunft gönnen.
Du drehst den großen Schlüssel um und öffnest die Tür.
Im Innern bewunderst Du Dich dafür.
Beide sehen Dich gleich und mit offenen Armen laden sie Dich ein,
endlich wieder bei ihnen zu sein.
Sie stellen sich vor und die Erinnerung kommt zurück.
Es sind Deine Seeleneltern, mit so viel Herz, Ehrlichkeit und Glück.
Jetzt weißt Du, von wem Du diese große Liebe in Dir hast.
Du darfst zulassen, dass Du kein Geschenk des Lebens mehr verpasst.
Aus dieser wundervollen Liebe bist Du entstanden.
Jetzt werden Fesseln gelöst, die Dich festbanden.
In diesem Moment beginnt Dein Leben auf der Sonnenseite.
Es entsteht Beziehung mit Selbstwert, Gefühl und so viel Weite.

Trauer zulassen

Geliebter Mensch, jetzt bist Du gegangen.
Ich fühle mich hier, als wäre ich gefangen.
Ich weiß, Du möchtest, dass ich glücklich bin.
Doch im Moment hat mein Leben keinen Sinn.
Ohne Dich ist alles so trostlos und kalt.
Ich dachte, wir werden gemeinsam alt.
Lass mich noch die Wut in mir einfach spüren.
Sie wird mich aus dieser Ohnmacht,
irgendwann wieder herausführen.
In meinem Herzen wirst Du immer sein;
Holt mich im Moment auch ganz viel Traurigkeit ein.
Ich werde allen Gefühlen Raum und Zeit geben,
denn auch der Tod gehört zu unserem Leben.
Aus Liebe zu Dir und zu mir werde ich weitermachen.
Irgendwann kann ich bestimmt wieder lachen.

T *rost, den man von Menschen erhält, die unseren Schmerz teilen.*
R *espekt vor der Zeit, die man braucht, man muss sich nicht beeilen.*
A *ngst, dass der Schmerz nie vergeht.*
U *mstände, die man nicht immer versteht.*
E *hrlichkeit ist wichtig, um allen Gefühlen Raum zu geben.*
R *uhe, die wir oft als Einsamkeit erleben.*

Wenn ich irgendwann gehen muss

*Wenn ich irgendwann gehen muss,
und mit diesem Leben ist endgültig Schluss.
Dann kann ich sagen: Ich habe gelebt!
Mich hat so vieles hier auf Erden bewegt.*

*Einiges konnte sich durch mich verwandeln.
Ich durfte sehr oft in Liebe, ganz leicht handeln.
Mit vielen Menschen wurde ich zusammengeführt.
Einige haben mein Herz sehr berührt.*

*Ich werde auch von Himmel aus nicht schweigen.
Nur vorgehen und einen Weg aufzeigen,
den ich erst dann gehe, wenn ich alles ausgekostet habe.
Bis dahin lebe und liebe ich das, was ich bin und was ich wage.*

*Ich glaube, bin dankbar bis zum letzten Atemzug;
Bis ich fühle: Jetzt will ich zurück, jetzt ist es genug.*

Gedanken dazu:

*Ich habe in der letzten Zeit oft gelesen, dass man auf dem Sterbebett bereuen würde, was man nicht gelebt hat.
Deshalb habe ich darüber nachgedacht, wie das aktuell bei mir ist.
Es sind einfach spontan empfundene Gefühle, die ich in Worte fasste.*

Wenn ich mich ausgeschlossen fühle

Wenn ich mich ausgeschlossen fühle und allein,
mir einrede, alles soll jetzt wohl so sein.
Mich bewusst durch diese Zeit begleite
und mir zugestehe, dass ich leide,
muss ich mich dadurch nicht abfinden mit dieser Lage.
Ich weiß, dass ich einen Ausbruch wage,
wenn ich wieder stark genug bin
und ihn erkannt habe, den tieferen Sinn.

Manchmal ist es schwer, die Enttäuschung zu ertragen.
Unbewusst lässt man sich lieber von der Täuschung plagen.
Man kann nicht jedes Handeln und jede Reaktion versteh'n,
und muss nicht länger durch dieses Labyrinth geh'n.
Ich sehe Sonne und setze meine Segel neu.
Steuer auf die Menschen zu, mit denen ich mich gemeinsam freu'.

Bin so dankbar, dass wir uns gefunden haben,
in unserer Vielfalt mit wundervollen Gaben.
Vor denen hatte ich wohl wieder mal Angst
und deshalb fiel ich zurück.
Jetzt ist der Weg freigeschaufelt zum Glück.
Wie lange? Das kann keiner wissen,
doch wäre ich anders, ich würde mich vermissen.

Die Last auf Deinen Schultern

Wie gerne würde ich Dir die Last von Deinen Schultern nehmen.
Mich mit Dir nach Leichtigkeit und Freude sehnen.
Würde mit Hingabe den Druck auf Deinem Herzen lindern
und Deine Verletzungen und Schmerzen mindern.
Möchte die Worte rausschreien, die Dir im Halse stecken
und mit Liebe Deine Kräfte wecken.
Ich weiß, Du wirst es überstehen,
und wenn Du willst, werden wir gemeinsam da durchgehen.
Dann werde ich Dein Fels in der Brandung sein
und Du darfst fühlen, Du bist nicht allein.

Gedanken dazu:

Zu mir sagte mal eine weise Frau: Wenn Du weiterhin die Lasten des Anderen trägst, dann geht es Dir später schlechter als ihm.
Es ist überheblich und dient dem Anderen nicht.
Wenn Du in Deiner Kraft bleibst und einfach nur mitfühlst, ohne zu werten, dann kannst Du das Licht am Ende des Tunnels schon beschreiben.
Wenn es auch für den Betroffenen noch nicht sichtbar sein muss.
Dein Vertrauen wird ihn beruhigen und das wunderschöne Gefühl vermitteln: Auch alles in ihm darf sein.

Wonach mir ist

Wer sich nie wirklich zu leben wagt
und nur leere Worte sagt,
nach der Vergangenheit sich sehnt.
Neues generell erst mal ablehnt,
und glaubt, dass Liebe wehtun muss.
Dem gebe ich jetzt einen dicken Kuss.
Einfach nur, weil mir danach ist und ich grad kann.
Ich nehme ihn mit all seinen Ängsten an.
Für diesen kurzen wundervollen Moment
ist alles weg, was uns beide trennt.
Was daraus wird, liegt nicht in meiner Macht.
Ich spüre nur wie mein Herz dabei lacht.
Ohne Erwartungen einfach zuzulassen.
Das sollten wir auf keinen Fall verpassen.

Gedanken dazu:

Das konnte ich in einem Moment fühlen, habe es wahrgenommen und aufgeschrieben.
Natürlich ist das nicht immer so. Ich muss nicht alle Menschen lieben und das tue ich auch nicht.
Ich begleite mich dabei und stehe zu allen Gefühlen, die in mir und aus mir so strömen.
Ich kann mittlerweile auch mit Reaktionen auf meine Aktionen gut umgehen.

Kapitel 3.

Einfach Mensch sein

Abhängigkeiten

Ich versuchte oft, über Deine Süchte hinwegzusehen
und mit Dir durch alle Schwierigkeiten zu gehen.
Ich verschönerte und verschleierte mein Empfinden.
Wollte alle Zweifel und Ängste diesbezüglich überwinden.
Ich merkte erst sehr spät, dass ich co-abhängig war.
Dachte meine Liebe, kann heilen, bin ich Dir nah.
Heute weiß ich, ich darf Dich lassen, wo Du grad bist.
Auch wenn Du Dich selbst und Deine Gesundheit vergisst.
Ich lasse bei Dir, was zu Dir gehört,
sage Dir einfach, was mich dabei stört.
Du musst es nicht ändern und trotzdem ändert sich etwas dabei,
denn seit ich es aussprechen kann, fühle ich mich frei.
Ich sehe den wunderbaren Menschen, der so viel bewirken kann,
fängt er endlich eigenverantwortlich zu handeln an.
Freiheit kann nur in uns selbst wachsen und gedeihen.
Ich werde mir meine Abhängigkeiten verzeihen.

Viele Menschen leben in einer Co-Abhängigkeit.
Sie meinen, sie könnten es schaffen, den Süchtigen zu heilen oder zu retten.
Es tut oft sehr weh, wenn man erkennt, dass das gar nicht möglich ist, solange man emotional so sehr miteinander verbunden ist. Sich aufzuopfern für den Anderen, dient niemanden.
Ich kenne das auch und dachte, meine Liebe wäre stärker als jede Sucht. Dabei war ich plötzlich gefangen in einer großen Verantwortung, die ich mir selbst auferlegt habe.
Ich war abhängig vom Verhalten dieser Menschen, die ich glücklich machen wollte und für deren Freiheit ich so viel in mir gefangen hielt.
Ich wollte das befriedigen, was der Süchtige suchte.
Ich musste erfahren, dass ich dadurch auch meine Bedürfnisse stillen wollte. Aufopferung hat nichts mit Liebe zu tun.
Ich wünsche ganz viel Geduld und noch mehr Kraft für alle, die sich aus ihrer Menschenabhängigkeit befreien wollen.

Ach Mensch

Ich zählte früher auch zu den ewig Verständnisvollen und Guten.
Ich konnte mir eine Menge auferlegen und zumuten.
Bis ich lernte: Kein Mensch kann immer nur Engel sein,
und die anderen sind nicht immer nur gemein.

Jeder agiert und reagiert.
Ja, das menschliche Miteinander ist kompliziert.
Im Moment menschelt es in allen Bereichen,
und manche alte Muster wollen einfach nicht weichen.

Ich bin mir gegenüber ehrlich und setze ein Zeichen.
Werde keiner Konfrontation mehr ausweichen,
die mich weiterbringen kann und lehren.
Ich werde mich und mein Menschsein ehren.

Ach Mensch, wie schön, dass Du auch hier verweilst
und mit mir dieses bewegte Erdendasein teilst.

Auf Befehle keine Lust

Auf Befehle, wie Du musst,
hab ich einfach keine Lust.
Mein Motto ist: Ich entscheide und ich tu',
was ich sage, wie ich handle, und stehe dazu.
Ich freue mich, dass wir das immer mehr teilen
und gegenseitig in unseren Herzen verweilen.
Wir durften uns entlasten und beschenken.
Jeder kann seine eigene Lebenskutsche lenken.
Bestimmen, wo die Fahrt hinführen soll und wann es losgeht.
Reagieren, wenn jemand oder etwas im Wege steht.
Auszuweichen, zu überholen, zu folgen, oder anzuhalten.
Wichtig ist, alles mit Respekt und Liebe zu gestalten.
Doch besonders, die freie Fahrt genießen.
Dankbar sein, es darf auch einfach mal fließen.
Die Reise führt zu einem wundervollen Ort voller Menschlichkeit.
Jeden zu sich selbst mit viel Verständnis und Herzlichkeit.

Meine Gedanken dazu:

Ich bekam so oft gesagt, was ich zu tun hätte.
Du musst mal ruhiger werden! Du musst da drüberstehen!
Du musst das verstehen!
Das sind alles wohlgemeinte Ratschläge,
doch manchmal mehr Schläge als Rat.
Irgendwann kapierte ich, was ich wirklich muss:
Nämlich, mir genau das geben,
was ich anderen schon ganz leicht gab.
Ich konnte Menschen, die zu mir geführt wurden, so annehmen, wie sie waren. In ihrer Einzigartigkeit waren sie mir recht.
Nur ich habe anscheinend ausgesendet:
Sag mir, wie ich sein sollte und was ich an mir ändern könnte.
Es tut so gut, wenn alles sein darf und nichts sein muss.

Berührungen

Ich muss Menschen nicht anfassen, um sie zu berühren.
Auch nicht so manches Feuer immer wieder schüren.
Ich lasse mein Gegenüber sein und ich bin.
Das Miteinander gibt meinem Leben einen Sinn.

Sehe in anderen einen Spiegel vor mir.
Kehre am Liebsten vor meiner eigenen Tür.
Bin nicht so verrückt, wie ich manchmal erscheine,
wenn ich grade noch lache und bald darauf weine.

Himmelhochjauchzend - zu Tode betrübt,
auch das habe ich schon so oft geübt.
Spüre immer mehr, wie schön es mit mir ist.
Habe dieses Gefühl so lange vermisst.

Möchte mit niemandem tauschen auf der ganzen Welt,
weil mir mein Leben grad so super gefällt.

Blitzgedanken

Mich als Blitzableiter benutzen zu können,
das durfte sich schon so mancher gönnen.
Wo sollten sie mit ihren Selbstzweifeln sonst hingeh'n?
Ich konnte das fast immer erklären und nachseh'n.
Mit Verständnis, meiner Toleranz und Kraft,
haben wir es allemal zu einer Verschnaufpause geschafft.
Da konnten sie dann so richtig abladen und rebellieren.
Ihre eigenen Ängste und Schwächen ignorieren.
Ich fühlte mich als Sündenbock unentbehrlich,
bis ich feststellte, diese Erfahrung ist nicht ehrlich.
Jeder darf weiterhin seine Launen haben, um mich herum.
Ich nehme so schnell keinem etwas krumm,
doch ich mache nicht mehr mich verantwortlich dafür.
Bei Respektlosigkeit zeige ich auch schon mal die Tür.
Es ist für alle gut, Grenzen zu setzen
und sich nicht länger selbst zu verletzen.

Gedanken dazu:

Dienst Du manchmal auch als Blitzableiter und lässt das zu? Oder benutzt Du bestimmte Menschen, um Deinen Frust abzulassen, weil man es mit ihnen machen kann?
Wo gehört dieser Ärger oder diese Verletzung wirklich hin?
Du bist nicht mehr das hilflose Kind, das damals nichts tun konnte, wenn es Ungerechtigkeit, Nichtbeachtung, Streit oder Respektlosigkeit erlebte.
Heute kannst Du für Dich eintreten und Verantwortung übernehmen. Damit hilfst Du automatisch auch den Menschen, die Dich lieben, weil sie sich nicht mehr verantwortlich fühlen müssen für Dein Leben.

Darf es etwas mehr sein?

Darf es etwas mehr sein, hat mich das Leben oft gefragt.
Ich habe immer ganz bescheiden Nein gesagt.

Wollte, dass lieber alles bleibt, so wie es war.
Hatte furchtbare Angst, kam die Versuchung mir zu nah.

Deshalb habe ich den Ball sehr flach gehalten.
Versuchte mein Dasein ganz unauffällig zu gestalten.

Ich war scheinbar zufrieden mit dem, was ich kannte,
bis mich meine Lebensfreude total überrannte.

Sie hat mich gefordert und geführt,
mich staunen lassen und berührt.

Sie ist mir treu geblieben bis zum heutigen Tag.
Ich habe ihr grad eben gesagt, wie sehr ich sie mag.

Raum für eigene Gedanken: Darf es etwas mehr sein?

Deine Wahrheit muss nicht meine sein!

Deine Wahrheit muss nicht meine sein,
und nur, weil ich anders denke, bin ich nicht gemein.
Du brauchst mich nicht glücklich zu machen
und über mein Tun und Handeln wachen.

Wir gehen alle mit Erfahrungen unterschiedlich um.
Unabhängig, ob wir alt sind oder jung.
Erzogen wurde ich schon so früh und so oft,
dass sie mir vorleben, was sie predigen, hatte ich erhofft.

So war der Schein meist ganz anders als mein Empfinden
und Selbstzweifel konnten mich mit alter Schuld verbinden.
Das Gefühl, ich wäre nicht recht, so wie ich bin.
Kennst Du das auch und nimmst es noch hin?

Ich wurde ausgebildet auf dem Weg des Lebens
und auch bei Dir war keine Strecke vergebens.
Denn sonst wärst Du nicht Du, ein Unikat
und ich finde, das wäre ganz schön schad'.

Wir sind ok, wir sind beide liebenswert.
Du sollst wissen, dass mich Deine Nähe ehrt.
Schön, dass wir uns nun ergänzen, in unserer Unvollkommenheit.
Mit Selbstliebe, Selbstverantwortung und Herzlichkeit.

Die besonderen Momente

*Es gibt Momente, da könnte ich nur kotzen,
entweder davonrennen oder motzen.
Ich wünsche mir, es mache einer Licht,
doch es passiert ganz einfach nicht.
Wenn dann noch jemand meint zu wissen,
ich hätte mich darum gerissen,
das jetzt so zu erleben,
könnte ich mich erneut aufregen.
Ich bin wirklich ein Mensch der Tat,
setze um und hör' auf Rat.
Theoretisch hab ich auch alles drauf,
doch praktisch läuft jeder den eigenen Spießrutenlauf.
Wann und ob ich das Etappenziel erreiche
oder mich vorher einfach davon schleiche,
kann ich zurzeit noch nicht sagen.
Ich weiß nur eins, ich werde Änderungen wagen.*

Eigene Gedanken dazu:

*Immer wenn ich diese Energie in mir spürte, wollte mir jemand unbedingt klar machen, dass das doch nicht gut sei und ich positiv denken sollte.
Ich war sehr dankbar, wenn meine Freundin Elke dann sagte:
Auch das darf sein!
Warum solltest Du immer andere verstehen und alles,
was sie tun, entschuldigen.
Mir hilft es zu diesen Gefühlen zu stehen.*

Ein Wandel ist spürbar

Ein Wandel ist spürbar in so vielen Dingen.
Manchmal empfinde ich, er will mich zwingen.
Ich erfahre mich auf vielfältige Weise.
Mal besucht er mich laut und dann wieder leise.
Wie oft habe ich meine Gefühle überspielt und ignoriert.
Den Sinn und den Grund erst viel später kapiert.
Darf noch mehr loslassen, was ich so festhalte.
Schauen, dass ich meinen Alltag wieder selbst gestalte.
Auch durch diese Schule des Lebens werde ich lernen,
mich von erstarrten Denkweisen zu entfernen,
wieder gut für mich zu sorgen und bei mir zu sein.
Eines habe ich nie vergessen, ich bin ein Sonnenschein
und darf mich immer zur richtigen Zeit am richtigen Ort befinden,
mit Menschen, mit denen mich Wärme und Licht verbinden.
Ich kann so viel erkennen und erleben.
Wir alle werden uns immer mehr in Richtung Heimat bewegen.
Diese Welle des Wandels wird uns tragen,
auch wenn es nicht immer einfach ist, nicht verzagen.
Lasst uns kurz eine Gefühlsreise in unsere Zukunft machen.
Mir tut es so gut, wie wir albern und lachen.
Wie die Kinder, vorurteilsfrei und unbeschwert,
jede/jeder für sich zauberhaft liebenswert.

*Vor über zehn Jahren schenkte meine Schwester unserer Mutter eine Kassette: **„Einfach zuhören und selbstbewusst werden“**,*
von Dr. Hans Grünn. Ich hörte mal rein und war begeistert.
Später kaufte ich mir die CD und die habe ich vielen Menschen voller Überzeugung weiterempfohlen.
Er begleitet den Zuhörer zum Schluss auch auf einer Reise in die Zukunft.
Alles, was er da beschreibt, durfte ich erleben. Es wurde Wirklichkeit.

Ein Wunsch von mir

Ein Wunsch von mir, der ausgesprochen werden will,
viel zu lange hielt ich artig still.

Ich lass mir nicht den Mund verbieten,
ist unsere Meinung auch verschieden.

Viel zu oft sollte ich schweigen und zuhören,
um andere in ihrem Redefluss nicht zu stören.

Du bist nicht schuld, dass mir das passiert.
Ich habe das ganz früh gelernt und pariert.

Lass Dich überraschen, was ich mitzuteilen habe,
wenn ich es endlich ohne Ängste sage.

Antworten werde ich ab jetzt für mich allein,
und zwar bis zum Punkt, stell Dich darauf ein!

So können wir uns austauschen mit gegenseitigem Respekt.
Ich bin gespannt, welche Gefühle dieser neue Austausch in mir weckt.

Dieses Gedicht habe ich auf Wunsch einer Facebook-Freundin geschrieben, die sich nicht mehr den Mund verbieten lassen wollte. Zu lange tat sie es, aus Angst, Menschen, durch ihre Aussagen, zu verärgern oder zu verlieren.

Die Liebe ist stärker

Auch meine Seele hatte schon viele blaue Flecken.
Wären sie sichtbar, würde so mancher erschrecken.
Schläge müssen nicht als solche zu erkennen sein.
Oft warf ich, auf mich, den ersten Stein.
Habe mich verurteilt für alles, was ich tat
und überhörte, um was mich meine Seele bat.
Konnte nie wirklich wertschätzen, was ich an Leistung erbrachte.
Ich war mehr damit beschäftigt, was der andere über mich dachte.
War noch so hungrig auf Bestätigung und durstig nach Liebe.
Empfand Zurückweisung und Kritik stets als Stiche und Hiebe.
Erkannt habe ich das schon vor längerer Zeit.
Dachte sogar, ich wäre zur Umkehr bereit.
Doch erst jetzt darf ich mich immer mehr neu spüren.
Stelle fest, dass mich meine Entscheidungen zur inneren Freiheit führen.
Das Phantom der Selbstbestrafung durfte verschwinden.
So konnte ich viele schwierige Situationen durchleben und bewusst überwinden.
Die Liebe ist stärker als Kampf, Eifersucht und Streit.
Sei führt uns, auf dem Weg der Selbsterkenntnis, in eine ganz neue Zeit.

Engel der Menschlichkeit

Ich hätte so gerne für alle Menschen Frieden bestellt.
Manchmal denke ich, ich bin zu zart für diese Welt.
Es tut weh, wenn andere traurig sind und leiden.
Wie viele leben ständig mit Schmerzen und Krankheiten?

Es wäre ein Herzenswunsch von mir:
Mehr Mitgefühl für Mensch und Tier.
Besonders für die Kinder auf dieser Erde
bete ich, dass alles liebevoller werde.

Ich fühle, dass sich etwas verwandelt,
wenn jeder einfach das tut, was er kann und für sich handelt.
Die kleinen Wunder der offenen Herzen
lindern Angst, Einsamkeit und so manche Schmerzen.

Ich kenne ganz viele Menschen, die sich sehr engagieren.
Jeder kann irgendwo eine offene Wunde kurieren.
Das Medikament heißt Zuwendung und Herzlichkeit.
Sie sind überall unter uns, die Engel der Menschlichkeit.

Gedanken dazu?
Bist Du manchmal auch zu zart für diese Welt?

Entscheiden

Sobald Du eine Entscheidung getroffen hast
und nicht mehr auf die Antwort eines Andern passt,
kann alles seinen Lauf nehmen.
Du darfst Dich nach Liebe sehnen.

Du bist es wert geliebt zu werden mit allem in Dir.
Auch für Dich gibt es Beziehung, Nähe, ein Magisches WIR.
Für die Liebe brauchst Du nicht zu kämpfen.
Gefühle lassen sich durch dauernde Kritik schon dämpfen.

Stopp! Entscheide Dich, Dich zu lieben,
anzunehmen und zu verstehen.
Du wirst fühlen wie bereichernd es ist, mit Dir durchs Leben zu gehen.

Diese Energie zieht automatisch diesen Menschen an,
der schon so lange auf Dich wartet und endlich kommen kann.
Sie kann auch eine bereits vorhandene Beziehung aufflammen lassen.
Dieses Geschenk solltest Du auf keinen Fall verpassen.

Enttäuschungen

Enttäuschungen aus dem Weg zu gehen
oder einfach nicht mehr hinzusehen,
wäre wie eine Einbahnstraße auf der man sich befindet,
weil genau das uns an diese Energie bindet.
Wenn wir immer wieder anziehen, was wehtut,
dann fehlen uns oft die Kraft und der Mut,
uns das anzuschauen und auszuhalten.
Lieber lenken wir uns ab und versuchen unser Leben
schmerzlos zu gestalten.
Egal wie reif wir sind an Erfahrungen und Jahren,
möchten wir uns und andere vor diesem Schmerz bewahren.
Festzustellen, dass man sich getäuscht hat, ist nicht schlimm.
Aus dieser Lektion zu lernen, macht dann wirklich Sinn.
Herauszufinden, wo diese Enttäuschung ihren Ursprung hat.
Wo wird man immer noch durch die Gesten eines Anderen satt?
Das sind Bedürfnisse aus der Vergangenheit,
die gestillt werden wollen.
Man schenkt Vertrauen an Menschen, die das heilen sollen.
Die sind überfordert, weil sie nicht erfüllen können,
was wir uns selbst noch nicht mal gönnen,
weil wir uns in der Opferrolle befinden
und Liebe immer noch mit Aufopferung verbinden.
Man ist kein besserer Mensch, weil man andere nie verletzt.
Sich selbst treu zu bleiben heißt, dass man sich
nie mehr versetzt.
Dann kann man niemand mehr dafür verantwortlich machen,
ob wir weinen, am Boden zerstört sind oder lachen.
Somit übernehmen wir die Verantwortung für unser Glück.
Das befreit uns Stück für Stück,
aus Illusion und Rollenspiel, denn ohne Opfer gibt es keine Täter.
Selbstliebe und Selbstachtung schließen ihn aus,
den Enttäuscher und Verräter.
Die Schuldgefühle verlassen uns ebenso
wie das schlechte Gewissen.
Ich möchte dieses Gefühl, von Freiheit und Menschlichkeit,
nie mehr missen.

Erkennen, ändern, loslassen

Weil ich spüre, wie schwer Du es Dir machst,
wenn Du Verletzungen einfach weg lachst.
Nur weil Du es Dir leicht machen willst
und mit Vergeltung Deinen Hunger stillst.
Anstatt Gefühlen ihren Raum zu geben,
entscheidet Dein Kopf, was Du brauchst zum Leben.
Da hat kein Verständnis Platz und kein Einsehen.
Du kannst Dich selbst am wenigsten verstehen.
Ich lasse los, mich zu entschuldigen und zu erklären.
Du solltest Dich endlich da beschweren,
wo diese alte Wunde entstand.
Das habe ich soeben erkannt.
Dass ich Mamas Liebling war und immer noch bin,
ist für mich auch kein Hauptgewinn.
Für sie das Wichtigste auf der Welt zu sein,
brachte mir so viel Eifersucht und Belastung ein.
Du hast es verdient auch ganz angenommen zu werden.
Doch nicht ich bin zuständig für Deine Beschwerden.
Ich lasse los, immer wieder auf Dich zuzugeh'n.
Werde jetzt lieber zu mir und meinen Empfindungen steh'n.
Wir sind beide recht, ich beende diesen Krieg.
Uns so lassen zu können, ist schöner als jeder Sieg.

Erkenntnisse

Wenn mir Menschen begegnen,
die mich mit ihrer Achtung segnen,
tut das sehr gut.
Sie geben mir Zuversicht und Mut.

Wenn mein Gegenüber unfair ist
und allen Anstand einfach vergisst,
hat mich das bis jetzt immer sehr verletzt.
Ich wurde von ihnen beschimpft und versetzt.

Meistens fand ich dann eine Entschuldigung dafür
und öffnete sehr schnell wieder meine Herzenstür.
Sie wollen mir das nicht absichtlich antun,
war mein Gedanke und der ließ mich ruh'n.

Sie drückten es mir, um ihre Schwächen zu überdecken.
Ich lernte davon und heute
können sie mich nicht mehr erschrecken.
Danke, dass ich diese Erfahrungen so annehmen konnte
und mich nicht in Selbstgerechtigkeit und Selbstmitleid sonnte.

Auch diese Empfindungen haben mich starkgemacht,
und das Schönste, es hat immer ein Engel darüber gewacht.

Die Seele verbindet

*Ich war noch hungrig nach Anerkennung von Leuten,
die mir mal Nahe standen.
Dann fühlte ich die Wertschätzung von
so vielen Gedankenverwandten.
Sie haben in mir etwas gestillt und geheilt.
Es tut so gut, wenn man freiwillig und gerne mit mir verweilt.
Blut fließt in allen Menschen, doch die Seele verbindet.
Wie schön, wenn man sich hier auf Erden wiederfindet.
Ich muss mich nicht mehr beweisen, sie mögen mich auch so.
Danke, dass es Euch gibt, Mensch bin ich froh.*

Eigene Gedanken dazu:

*Ich suchte immer nach der Wertschätzung von bestimmten Menschen. Meistens von denen, die mir wichtig waren.
Ich wollte, dass sie sehen und anerkennen, was ich leiste.
Es konnten mich noch so viele Andere loben und meine Arbeit anerkennen, ich hielt mich unbewusst mit Verletzungen und Ablehnung zurück.
Irgendwann wurde mir klar, dass ich selbst mein größter Kritiker und Urteiler war und dass ich mich dadurch immer wieder klein halten konnte. Ich erkannte, dass ich ab und zu in die Opferrolle flüchtete aus Angst vor Neid. Wie schön, wenn man dann mit Menschen zusammengeführt wird, die einem so gut tun, dass man nichts mehr beweisen muss und sich gegenseitig das Gefühl geben kann, man ist recht.*

Freundschaftsgedanken

Ich kann bei Menschen, die mir nahesteh'n,
vieles, was sie bewegt und belastet, versteh'n.

Ich bin gerne da, wenn sie reden wollen.
Gebe ihnen die Zeit zum Schimpfen und Grollen.

Doch manche meinen anscheinend, nur das
mit mir teilen zu können.
Die positiven Momente ihres Lebens wollen sie uns
dann nicht gönnen.

Es muss an mir liegen, seh' ich aus wie ein Kummerkasten?
Steht irgendwo, ich trage so gern anderer Lasten?

Nein, denn auch ich liebe es, wenn mein Gegenüber lacht.
Sich freut, erfolgreich ist und das Beste aus seinem Leben macht.

Ich lebe das und gelingt es mir auch nicht immer.
Es gleich gar nicht zu versuchen wäre viel schlimmer.

Freundschaft heißt auch, Glück und Freude zu teilen.
Komm lass uns in diesem neuen Freundschaftsbild verweilen.

Für alle

Für alle, die sich immer wieder sagen:
Ich könnte doch eigentlich glücklich sein.
Warum stellt sich dieses Gefühl jedoch nicht ein?
Irgendetwas mache ich anscheinend verkehrt.
Habe ich mich gegen die Liebe gewehrt?
Ist es undankbar, es zu sagen,
will ich nicht länger nur Ängste und Sorgen tragen?

Für alle die zweifeln, ob es egoistisch ist, an sich zu denken.
Die Aufmerksamkeit sich einfach mal selbst zu schenken.
Bemüht sind, es jedem Recht zu machen,
und auch, wenn es ihnen zum Weinen ist, noch lachen.

Für alle, die es besonders trifft, wenn man sie
mal wieder kritisiert.
Ihre Liebe bekämpft und manipuliert.
Sich selbst immer brav hinten anstellen
und ängstlich klein beigeben, wenn andere laut bellen.

Eines durfte ich schon so oft erfahren, wenn ich im Ozean der
verletzten Gefühle schwamm,
wie neu geboren und mit viel Kraft, kam ich
auf der Insel der Lebensfreude an.
Ganz ohne Gepäck, denn das musste ich loslassen,
um vorwärtszukommen
und ich habe wieder so viel an Liebe und Erfahrung dabei gewonnen.

Das Ego, das ich zurückließ, konnte ich gut verschmerzen.
Es war nichts gegen die Empfindungen in meinem Herzen.
Ein Geschenk, so schön, das hätte ich nie gedacht,
wenn dann mein inneres Kind glücklich mit mir lacht.

Gelassenheit

Das letzte Wort muss ich nicht haben.
Ich lass' mir gerne auch was sagen
und kann mittlerweile ziemlich gelassen,
Meinungen einfach so stehen lassen.
An Kritik durfte ich wachsen und viel lernen,
manch eine Bosheit aus meinem Geiste entfernen.
Von den vielen Jahren, die ich mit mir nun schon verbringe
und immer wieder mit meinen Macken und Fehlern ringe,
fühle ich mich jetzt von mir, so richtig angenommen.
Ich habe viel Lebensqualität dadurch gewonnen.

Geduld

Geduldig zu sein, heißt nicht, auszuharren.
Geduld macht niemanden zum Narren.
Sie schenkt Zeit in manchen Situationen
und sie zu nutzen wird sich immer lohnen.
Geduldige Menschen haben gelernt zu vertrauen
und ein festes Fundament aufzubauen.
Verwandeln wir mal Zweifel, Angst und Schuld,
in Loslassen, Vertrauen und Geduld.
In der Ausbildung des Menschseins eine wichtige Lektion;
überlebenswichtig in so mancher Situation.

Hinter meinem Rücken

Immer, wenn andere hinter meinem Rücken geredet haben,
sich lustig machten, über mich und meine Gaben,
tat das zunächst mal sehr weh.
Obwohl ich mittlerweile immer mehr zu mir steh'.

Neid muss man sich erarbeiten, heißt es oft so lapidar,
und doch gingen mir manche Bemerkungen sehr nah.
Diese Stiche verursachten starke Schmerzen.
Nicht nur unter der Gürtellinie, sondern auch im Herzen.

Mittlerweile bin ich mit dem beschäftigt, was mir Gutes widerfährt.
Mich mit so viel Respekt, Herzlichkeit und Verbundenheit nährt.
Menschen, mit denen ich mich freuen kann und sie sich mit mir.
Wir können uns gönnen und leben voller Dankbarkeit das Wir.

Ich danke

Ich danke allen Menschen, die mich immer wieder begleiten,
durch schöne, bewegte und auch konfliktreiche Zeiten.

Danke, an die höhere Macht, die uns da führt.
Die genau weiß, welche Herzensverbindung uns berührt.

Es ist schon magisch, wie wir zusammenfinden.
Welche Gefühle und Erinnerungen uns verbinden.

Wir nennen sie oft Engel auf Erden,
die uns in manchen Situationen geschickt werden.

Sie gehen nicht immer behutsam mit uns um.
Manche sind laut, andere zeigen sich ganz stumm.

Verstehen wir sie manchmal auch nicht gleich,
diese Vielfalt macht unser Leben reich.

Sie spiegeln innere Seiten, die wir oft vergessen haben,
und führen uns zu unseren Lebensaufgaben.

Ich habe losgelassen

Ich habe losgelassen und wurde belohnt.
Es ist eine große Liebe, die jetzt in meinem Herzen wohnt.

Für ganz viele Menschen, die es gerne genießen.
Es tut gut zu fühlen, wie viele Glücksmomente daraus sprießen.

Einfach zu respektieren, dass jede Reaktion eine Lehre ist,
damit keiner seine Lebensaufgabe vergisst.

Ich hätte es mir früher nie vorstellen können,
doch heute kann ich mir auch Traurigkeit gönnen.

Ich bin bei mir mit ganz viel Mitgefühl und Verstand
und mache mich mit all meinen Emotionen bekannt.

Werde nie behaupten, ich würde mich ganz kennen.
Wie schön, mich einfach **Mensch** *zu nennen.*

Ich habe mich begleitet

Ich habe mich begleitet durch alle Zeiten.
Erlebte mich in Freude, Glück und in Schwierigkeiten.
Hatte Ängste, die mich zurückhielten, vielleicht sogar schützten.
Bei manchen Erfahrungen wusste ich erst im Nachhinein,
dass sie mir nützten.

Momentan darf ich erleben, dass die größte Angst
sich verwandelt:
Dass ich meine Liebe wieder verlieren könnte,
wenn der Andere nicht so handelt,
wie ich es mir wünsche in so manchem Moment.
Es tut so gut zu fühlen, dass diese Blockade nicht mehr trennt.

Alte Verletzungen ließen oft Erinnerungen wach werden.
Ignorierte ich sie, zeigten sie sich in gesundheitlichen Beschwerden.
Das Gefühl anders und damit nicht recht zu sein,
holte mich dann schmerzhaft und beständig ein.

Jetzt darf ich ernten, was ich mir bewahren konnte,
in einer Zeit, in der ich mich immer nur im Schatten sonnte.
Die Liebe in meinem Herzen darf genau so sein, wie sie ist.
Diese Erkenntnis habe ich so lange vermisst.
Alle Menschen, die ich liebe, sind einfach da drin.
Wie schön, dass ich so immer mit ihnen zusammen bin.

Ich verabschiede mich

Ich verabschiede mich jetzt von Zweifel und Schuld,
ersetze sie durch Glauben und Geduld.
Lasse die Opferrolle endlich los, entscheide mich neu.
Ich gönne es mir, dass ich mich darüber freu'.

Auch, wenn Menschen die mir am Herzen liegen,
sich weiter plagen, quälen und verbiegen,
werde ich das respektieren und lasse ihnen ihre Zeit.
Jeder erfährt es auf seine Art, ist es dann soweit.

Die Liebe im Herzen wird uns weiter verbinden,
denn nur sie kann alle Hindernisse überwinden.

Ich verspreche nichts

Ich kann Dir nicht versprechen,
dass ich immer da bin, auf Biegen und Brechen,
wenn es Dir nicht gut geht
oder Dich jemand nicht versteht.

Ich habe Dir nie etwas geschworen
oder vermittelt, ohne mich bist Du verloren.
Haben Dir andere gut getan, tat mir das auch gut.
Wir begleiten uns in Freude, Traurigkeit und Wut.

Du brauchst mir nichts zu schwören,
weil wir einfach so zusammengehören.
Ich weiß, was Du sagst ist wahr,
und fühle mich Dir auch aus der Ferne nah.

Jeder von uns vertraut seinem Gefühl im Bauch,
weiß, der Andere versteht, und respektiert das auch.
Dieses schöne Miteinander würde ich gerne ewig leben,
doch wie gesagt, wir können uns keine Garantie drauf geben.

Im Strudel der Angst

Im Strudel der Angst hatte ich mich wieder verloren.
Heute Morgen fühle ich mich wie neu geboren.
Ich tanzte mit dem Leben in meinen Träumen.
Es hat mir gezeigt, was wir tagtäglich versäumen.
Es flüsterte mir ins Ohr, was wir zusammen noch alles erleben.
Ich konnte mich diesem Gefühl einfach hingeben.
Es fühlte sich so gut an, ich durfte einfach nur genießen
und mit dem Geschenk ***Leben*** *magisch zusammenfließen.*

Entspannt

Ich gehe heute alles ganz entspannt an.
Tue einfach das, was ich nicht lassen kann.
Genieße es und bin dankbar dafür.
Öffne gerne meine Herzenstür
und begleite mich achtsam dabei.
Dieser Gedanke macht mich leicht und frei.
So viele Jahre darf ich mich schon begleiten
durch bewegte und ruhigere Zeiten.
Dadurch konnte ich viel Vertrauen aufbauen.
Ich werde entspannt in die Zukunft schauen.

Lektionen des Lebens

Immer, wenn ich mir so sicher bin,
nichts haut mich um, ich bekomme alles hin,
werde ich vorübergehend eines Anderen belehrt.
Eine Traurigkeit, die mein Herz beschwert.

Die Entscheidung treffen zu müssen und dazu stehen zu können.
Da darf ich mir auch alle Emotionen diesbezüglich gönnen.
Wichtig ist für mich, dass ich weiß, ich habe den Mut
und meinen Optimismus, der mir sagt, jetzt wird alles gut.

Menschen an meiner Seite, die mich jetzt unterstützen im Handeln.
Nun darf sich, in unser aller Leben, wieder sehr viel wandeln.
Ich freue mich darauf und habe viel Geduld.
Verabschiede mich von Rollenspielen und Schuld.

Gehe ganz in meine Verantwortung für mich.
Gebe ab, lasse los und lasse trotzdem niemanden im Stich.
Da diese Botschaft erst mal nur im Kopf gespeichert ist,
durchlebe ich diese dazugehörigen Gefühle, die kein Herz vergisst.

Alles braucht seine Zeit, das ist mir klar.
Ich gebe sie mir und bin mir nah.

Innere Bettler befreien

Ich zeige jetzt allen Bettlern in mir,
dass ich sie sehe, anerkenne und respektier'.

Sie müssen bei niemandem mehr um Almosen betteln,
sich nicht mehr klein machen, kriechen oder verzetteln.

Nur um geliebt zu werden und endlich verstanden.
Ich löse die Fesseln, die sie so banden.

Fördere und unterstütze sie und freue mich auf die Wende.
Die Zeit der Bedürftigkeit hat nun ein Ende.

Diese wundervollen Wesen erfüllen mich mit viel Herzlichkeit.
Sie sind so wertvoll, liebenswert, vielfältig und hilfsbereit.

Von Bettlern zu gütigen Königen verwandelt,
die jeder mit Achtung und Respekt behandelt.

Gedanken dazu:

Wir haben alle ganz verschiedene Seiten in uns.
Manchmal auch innere Bettler, die es ganz nötig brauchen,
dass wir ihnen ihre wahren Werte endlich zeigen.

Insel der Selbsterkenntnis

Bei manchen Menschen würde ich mir wünschen,
dass sie die Festung der Selbstgerechtigkeit verlassen
und auf der Insel der Selbsterkenntnis Fuß fassen.

Hier könnten sie sich nicht in ihrer Rechthaberei sonnen,
sondern würden, in angemessener Zeit,
zum Nachdenken kommen.

Dann könnte das Schiff der Selbstliebe sie aufnehmen
und ihnen vielleicht das geben,
wonach sie sich so sehr sehnen.

Denn nur die Angst, sie wären nicht recht,
etwas in ihnen wäre unzumutbar oder schlecht,
hat sie vom Paradies vertrieben.
Vielleicht könnten sie sich dann endlich lieben.

Keiner hat Dir je versprochen

*Keiner hat Dir je versprochen, dass es leicht werden wird
und dass Dein Gefühlschaos Dich manchmal nicht verwirrt.
Niemand konnte wissen, dass Du nicht immer so funktionierst,
dass Du alles in Dir erklären kannst und akzeptierst.
Es wussten die wenigsten wie wichtig es ist, Dich so zu erleben,
dass alle Fragen, die daraus entstehen,
zu kostbaren Erkenntnissen anregen.
Würdest Du immer funktionieren,
wie Dein Verstand es für richtig empfindet.
Könntest ganz nüchtern entscheiden,
dass Schmerz ganz schnell verschwindet,
wärst Du nicht Du, ein ausgezeichneter Schüler deines Lebens.
Du weißt, keine Erfahrung war bis heute vergebens.
Diese Ausbildung ist unvergleichbar und ganz individuell
verschieden.
Ohne Diplom lernst Du, Dich immer mehr zu verstehen
und zu lieben.*

Kraftvoll wie ein Adler

Wer einen Adler in sich fühlt,
der grad vieles bewegt und aufwühlt,
sollte ihn nicht länger ignorieren
und wie ein Papagei reagieren.
Andern nachsprechen zu können,
die einen goldenen Käfig bieten und gönnen,
macht nicht frei und lässt Dich nicht schweben.
Erlaube Dir, Dich in die Lüfte zu erheben.
Deine kraftvollen Flügel konnte Dir keiner stutzen.
Jetzt hast Du die Freude, sie wieder zu benutzen.

Möchtest Du die Geschichte Deines Adlers aufschreiben?
Wo stecken seine Kräfte? Lässt Du ihn Freiheit spüren?

Raus aus den alten Schuhen

Raus aus den alten Schuhen!
Schluss mit abwarten und ausruhen!
Es gibt so viel Neues zu entdecken.
Lass uns Deine Sehnsucht wecken.
Barfuß den Boden unter den Füßen spüren
und mit der Sehnsucht den Himmel berühren.
Einfach leben, einfach sein
mit dem Gefühl: Du bist nicht allein!

Lass' mich doch einfach

Lass' mich doch einfach mal in Ruh!
Ich bin ich und Du bist Du.

Ich muss nicht Deinen Vorstellungen entsprechen,
dass ich anders bin, ist kein Verbrechen.

Im Gegenteil, es kann so ergänzend sein,
lässt sich jeder auf sich selber ein.

Lernst Du Dich besser kennen,
musst Du nicht bei jedem Fehler meinen Namen nennen.

Du kannst es natürlich halten, wie Du willst,
ich lasse es bei Dir, womit Du Deinen Hunger stillst.

Der Sündenbock spielt seine Rolle nun nicht mehr.
Was ich dabei fühle, gefällt mir sehr.

Gedanken dazu:

Wem würdest Du das gerne mal sagen?
Mache es einfach in Gedanken, wenn es anders (noch) nicht möglich ist, oder schreibe einen Brief.

Du musst ihn nie absenden.
Wichtig ist, dass der innere Sündenbock endlich befreit wird aus der Rolle und dass Du ihm zeigst, dass ihr nun Grenzen setzt und achtsam mit Euch umgeht.

Lebensreise

Begleite Dich auf Deiner individuellen Lebensreise,
auf Deine ureigene Art und Weise.
Fühle Deine Stärke und lass Dich von ihr halten.
Bitte sie, Deinen Eifer manchmal etwas anzuhalten,
damit Deine Seele nachkommen kann.
So kommt sie gemeinsam mit der Lebensfreude an.
Wenn manche Wege steil bergauf führen, sei nicht dumm.
Schau Dich mal nach einer Bergbahn um.
Du musst nicht alles aus eigener Kraft erklimmen
und kannst so wieder viel Energie und Zeit gewinnen.
Wenn Du mal abstürzt und fühlst Dich ganz unten,
denk daran, schon so viele Male hast Du das überwunden.
Streck die Hand aus, einige Menschen helfen Dir gerne.
Sie sind plötzlich so nah, auch aus der Ferne.
Manchmal wird es ruhig und dann wieder belebt.
Es gibt immer mal eine Situation, die aufregt.
Das darf auch sein, denn Deine Gedanken sind frei.
Wenn Du schreien willst, dann schrei.
Immer wieder werden Dir die passenden Wegbegleiter geschickt.
Mit manchen ist es friedlich, mit anderen wird rumgezickt.
Das macht diese Reise aus, sie ist genau auf Dich abgestimmt.
Auch wenn sie Dich manchmal auf die Knie zwingt.
Deine Seele wusste, auf was sie sich da einlässt
und was sie erwartet.
Sie fühlte sich dem gewachsen und ist so ins Leben gestartet.
Sei ihr dankbar, dass sie genau das für Euch ausgesucht hat.
Traue Dir zu, lasse los, wage gemeinsam einen Neustart.
Du hast eine Aufgabe auf diesem Trip zur Menschlichkeit.
Bist Du für diese wundervollen Begegnungen bereit?
Sie warten schon sehr lange auf Dein Kommen.
Mit Dir hast du schon mal den Hauptpreis gewonnen.

Manche Menschen

Manche Menschen können nur motzen und klagen.
Ihnen fällt es schwer etwas Positives zu sagen.
Sie machen Gott und die Welt verantwortlich für ihr Leid.
In ihnen sitzen oft viel Missgunst und Neid.

Doch dahinter steckt meist die Angst vor dem Glück.
Läuft es mal besser, fallen sie umgehend in den Sumpf zurück.
Das ist ihnen vertraut, sie kennen es gut
und alles Bekannte fordert keinen Neuanfang und keinen Mut.

Es hilft diesen Menschen nicht, bedauert man sie,
oder man kommt mit der eigenen Rettungsphilosophie.
Sie sein zu lassen und uns nicht über sie zu stellen
und über ihre Lebensweise kein Urteil mehr zu fällen!

Wenn wir das erkennen und ertragen können
und uns trotzdem unsere Freude am Leben gönnen,
haben wir wieder eine Prüfung bestanden.
Fesseln gelöst, die uns mit alten Mustern verbanden.

Mitgefühl und Liebe können frei fließen
und jeder hat die Wahl sich selbst abzulehnen oder zu genießen.

Manchmal schmeckt das Leben

Manchmal schmeckt das Leben richtig gut.
Ich fühle so viel Kraft und Mut.

Dann wieder im nächsten Moment,
habe ich das Gefühl, dass mich etwas von mir trennt.

Früher war das immer ein kleiner Weltuntergang.
Ich suchte dann sofort nach Lösungen, ganz unter Zwang.

Wollte die Süße des Lebens eiligst zurück
und entfernte mich damit immer mehr vom Glück.

Heute gebe ich auch der Bitterkeit Raum und Zeit.
Bin zum Lernen und Ändern total bereit.

Die Gesundheit fühlt sich so von mir verstanden.
Das ist ein Lebensgefühl, das wir beide noch nicht kannten.

Meine Gedanken sind frei

Meine Gedanken sind frei und das tut so gut.
Diese Freiheit beinhaltet auch das Gefühl von Wut.
Es ist menschlich, wütend und verletzt zu sein,
und auch mich holt diese Energie immer wieder einmal ein.

Niemand ist verantwortlich und doch wird es ausgelöst.
Es ist, als ob mich jemand wieder einmal von sich stößt.
Wenn ich zulasse, dass dieses Gefühl in mir sein kann,
dann führt es mich an den Ort, wo ursprünglich alles begann.

Damals war ich ohnmächtig zu handeln, unterlegen.
Jetzt dürfen meine inneren Feinde die Waffen niederlegen.
Ich stehe zu mir und zu allem, was ich empfinde.
Fühle, dass ich dadurch in mir Seiten verbinde.

Schuld und Schuldzuweisungen loszulassen, macht die Herzen weit.
Es bringt uns ganz in unsere eigene Entwicklung in der jetzigen Zeit.
Vor der hatten wir Angst und deshalb wollten wir uns klein halten.
Nun heißt es, das Leben in Eigenverantwortung zu gestalten.

Willkommen im Club der Menschlichkeit mit Herz und Respekt.
Vielleicht habe ich die Lust darauf, gerade eben, geweckt.

Neugeburt

Ich bin wieder raus aus dem Geburtskanal,
obwohl ich dachte, ich hätte keine Wahl.
Ein Gefühl, als würde es einfach nicht weitergehen.
Dabei konnte ich mich selbst am wenigsten verstehen.
Es war ein Gedanke, den ich irgendwann zulassen musste.
Er widerlegte so viel, was ich vorher über mich wusste.
So zu mir zu stehen und zu allen Gefühlen war nicht leicht.
Manchmal wünschte ich mir,
dass sich diese neue Wahrnehmung wieder schleicht.
Ich kannte mich doch schon so viele Jahrzehnte
und dachte, ich wüsste, wie ich bin und wonach ich mich sehnte.
Manche Menschen wollten mir helfen mit einem Zangengriff.
Sie wurden fast wütend, weil ich einfach nicht begriff,
dass da noch eine andere Seite von mir leben wollte,
die mich von da an begleiten und so viel lehren sollte.
Andere wollten mich glücklich machen.
Ich sollte so schnell wie möglich wieder lachen.
Im dunklen engen Tunnel habe ich alle Emotionen durchfühlt.
Alte Ängste und Zweifel wurden aufgewühlt.
Es war eine Prüfungszeit, in der mein Lebenswille
eindeutig siegte über die ewige Stille.
Irgendwann rutschte und flutschte ich ins Leben zurück.
Ich lag da und sah ein kleines strahlendes Bündel Glück.
Ein Gefühl von so viel Liebe und Verbundenheit.
Ich vergaß in diesem Moment den Schmerz aus der Vergangenheit.
Ich habe mich neu geboren und das im vollen Bewusstsein.
Jetzt lasse ich mich ganz auf dieses Leben ein.
Habe die Nabelschnur zur Verstrickung selbst durchschnitten.
Jetzt wird gelebt und nicht mehr gelitten.

Nachtwache

Nachts ist einfach alles anders als bei Tag.
Da kommen oft Gefühle auf, die man gar nicht mag.

Alles, was man tagsüber noch gut verdrängen kann,
kommt in der Nacht im Gehirnspeicher gnadenlos an.

Man möchte schlafen und es geht einfach nicht.
Wo sind die Wegbegleiter, wie Vertrauen und Zuversicht?

Anscheinend sind die grad bei anderen Menschen abgeblieben.
Wie kann es sein, dass Ängste und Sorgen überwiegen?

Es nützt nichts, sich zum Schlafen zu zwingen.
Diese Erziehungsmethode kann gar nicht gelingen.

Es ist eben manchmal so in der Nacht.
Bitten wir, dass der Engel der Entspannung dann über uns wacht.

Er wird uns die Spannung nicht nehmen, sondern verwandeln.
Damit wir immer öfter tagsüber entscheiden und achtsam handeln.

Unsere Gedanken nicht mehr verdrängen oder manipulieren.
Sondern alles in uns annehmen und respektieren.

Nimm nicht alles persönlich

Nimm nicht alles persönlich, was man Dir so sagt,
auch wenn man es mit direkter Anrede wagt.

Du brauchst nicht vor Schuldzuweisungen zu fliehen
und Dir auch nicht gleich jeden Schuh anzuziehen.

Selbst wenn Dir alle sagen, er würde Dir passen,
Du entscheidest über Dich und kannst es lassen.

Manche Menschen müssen sich einfach Luft machen,
indem sie bei Dir abladen oder über Dich lachen.

Wenn Du spürst, dass man Dir Unrecht tut,
fühle die Verletzung, Ohnmacht oder Wut!

Dann wirst Du immer mehr die wahren Beweggründe erkennen
und niemand kann Dich mehr zum Sündenbock ernennen!

Raus aus dem Jammertal

Die Welt wird nicht besser vom Jammern und Klagen
und aus Angst keine eigene Meinung zu wagen.
Das Beste aus meiner Situation zu machen,
ließ mich aus meinem Dornröschenschlaf erwachen.
Küsse mich öfters morgens mal wach und bin voller Freude,
wenn ich erkenne, ich lebe im Hier und Heute.
In einer Zeit, in der ich so viel erleben kann,
fange ich immer wieder ganz neu an.
Mich kennenzulernen und zu mir zu steh'n,
lässt mich unsere Welt mit anderen Augen seh'n.
Voller Dankbarkeit für das Geschenk: mein Leben.
Ich werde diese Energie, in Liebe und Wertschätzung, weitergeben.

Ein paar Worte dazu:

Begleite Dich auch durch Zeiten, in denen Dir zum Jammern ist.
Alles darf sein.
Jedes Gefühl hat eine Berechtigung und einen Sinn.
Nimm Dich in den Arm und tröste Dich.
Doch bedauere Dich nicht.
Nimm ein Blatt Papier und schreibe das Datum darauf.
Dann teile mit, was Du Dir von der Zukunft wünschst.
Was soll sich ändern?
Zum Schluss noch ein herzliches Dankeschön an die Helfer, die Dir bei Deinem Vorhaben beistehen werden.
Gib dem Brief einen Ehrenplatz und freue Dich auf das, was geschieht.

Sehnsüchte

Wenn Du Sehnsucht hast, besonders bei Nacht,
und eine unglaubliche Zärtlichkeit erwacht.
Stelle Dir vor, wie Du sie schon einem Menschen gibst.
Wie Du empfindest, wenn Du so leidenschaftlich liebst.

Es ist doch nur ein Gedanke und der ist erlaubt.
Wirklichkeit wird er für den, der Folgendes glaubt:
Irgendwo auf der Welt teilt Dein Gegenstück
genau diese Träume von Sehnsucht und Glück.

Damit sie wahr werden können,
einfach zulassen und sich gegenseitig gönnen.

Schlaf gut

Schlaf einfach mal eine Nacht darüber, egal was Dich plagt.
Es ist doch nicht wichtig, was der eine oder andere so sagt.

Bis morgen kann sich so viel wieder verwandeln.
Gut erholt kann man bewusster und friedvoller handeln.

Wir haben ein warmes Bett und ein Zuhause.
Alle Probleme und Sorgen machen jetzt mal Pause.

Später?

Oft verschieben wir auf später, was im Moment
nicht gelebt werden kann.
Wann fängt dieses Später dann endlich mal an?
Gibt es irgendwann den richtigen Zeitpunkt dafür?
Wann öffnet sich diese unerfüllte Wünsche-Tür?
Die Gedanken daran lösen in uns Gefühle aus.
Diese holen so manchen aus seiner Eintönigkeit heraus.
Machen sie auch manchmal etwas unzufrieden
und werden deshalb so gerne vermieden,
sind sie doch wie eine bunte Farbenvielfalt.
Die uns zeigt, wir sind niemals zu alt,
unsere Träume wieder aufleben zu lassen
und die Verabredung mit dem Glück nicht zu verpassen.

Verabredung mit dem Glück:

Manchmal müssen wir Entscheidungen treffen und manches überdenken:
So oft meint man, man sei unentbehrlich und dann bekommt man vom Schicksal gezeigt, dass es nicht so ist.
Ein Krankenhausaufenthalt zum Beispiel und alles ändert sich.

Plötzlich bekommt man vom Arzt verordnet, dass man kürzertreten muss und die Zeit wird nicht gefragt, ob es ihr passt.
Sie ist ja schließlich immer da.
Man sollte sie sinnvoll nutzen und sie auch genießen und sich Freiräume schaffen.

Tröste Dich, jedoch vertröste Dich nicht länger

Manche Menschen haben keine Zeit für Dich,
andere haben zu viel zu tun mit sich?
Kennst Du das Gefühl übersehen zu werden?
Geht es oft nur um Anderer Beschwerden?
Wurde Deine Art von Zuneigung manchmal missverstanden,
obwohl Sie Dich nie wirklich kannten?
Kennst Du Dich und stehst Du zu Dir?
Stehst Du wieder auf und sagst, wichtig ist nur, dass ich mich kapier'?
Lässt Du Dich noch länger vertrösten und für
alles verantwortlich machen,
oder dürfen endlich alle Gefühle in Dir erwachen?
Gefühle, wie Wut, dass alles so gekommen ist.
Traurigkeit, dass man Dich wieder einmal vergisst.
Schmerzen, die wie ein Panzer Dein Herz bedrängen,
weil Moralvorstellungen Deine Wildheit einengen.
Sprenge diese Rüstung, verkrieche Dich nicht länger.
Jeder von uns hat ab und zu einen Durchhänger.
Was zählt ist, dass Dir bewusst wird:
Du hast Dich über Dich selbst geirrt!
Hast Dich kleingehalten, wie man es Dir einspeicherte.
Alles als überheblich gesehn, was Dich bereicherte.
Hast Dich von bestimmten Menschen abhängig gemacht.
Sie hatten dann den Schalter, wird geweint oder gelacht.
Gib Deine Eigenverantwortung nie mehr aus der Hand.
Mach Dich mit Deiner Eigenliebe bekannt.
Sie möchte endlich als das gefühlt werden, was sie ist.
Dein größter Reichtum und Dein größtes Gefühl,
das Du nie mehr vergisst.
Denn Du bist Dein Star, hol Dich da raus.
Komme zurück zur Heimat... in Dein ureigenes Seelenhaus.

Typisch Mann

Lassen wir doch das Schubladendenken los
und stellen uns nicht mehr gegenseitig bloß.

Typisch Mann und typisch Frau,
trifft doch keinen Mensch genau.

Jeder ist individuell verschieden.
Wer Rosen mag, muss doch keine Dornen lieben.

Wen die Blüte so erfreut und fasziniert,
der hat den Stachel akzeptiert.

Jedem Mensch die Chance zu geben,
sich selbst unverblümt zu leben.

Das fängt erst mal im Innern an.
Wer aus Überzeugung sagen kann:

Ich bin Mensch und gern bei mir,
weil ich mich achte, liebe und respektier'.

Der braucht über andere keine Witze zu reißen.
Auch nicht dauernd das Gegenteil zu beweisen.

Leben und leben lassen!
Und daran denken: Immer an die eigene Nase fassen!

Unrecht

Unrecht, gegen das man sich nicht wehren kann,
nicht zu wissen, klärt sich alles auf irgendwann.
Das Gefühl schuldig gesprochen zu sein,
sitzt auf dem Herz wie ein schwerer Stein.

Sich als Opfer gemeiner Intrigen zu fühlen,
Ängste, die sämtliche Emotionen aufwühlen.
Geduld, die man einfach nicht mehr hat.
Die Ohnmacht macht alle Lebensgeister platt.

Enttäuscht, verletzt und jeden kann es treffen, überall auf der Welt.
Ich habe für jeden einzelnen Menschen ein Wunder bestellt
und wünsche Euch, dass die Wahrheit siegt,
dass Menschlichkeit und Respekt das Unrecht überwiegt.

Ich glaube daran auch für die, die es nicht mehr können
und möchte diese Würde jedem Menschen gönnen.

Dieses Gedicht habe ich für Menschen einer Selbsthilfegruppe geschrieben.

Es ist eine der schlimmsten Erfahrungen, zu Unrecht,
verurteilt zu werden und nicht zu wissen, ob es sich aufklärt.

Vergebung

Vergebung heißt auch, sich an die eigene Nase zu fassen.
Schuld und Schuldzuweisungen endlich loszulassen.
Wahres Verstehen und freies Geben,
bringt Heilung und Verbindung in unser Leben.

Es gibt keine Verlierer oder Gewinner dabei.
Das macht glücklich und innerlich frei.
Es heißt nicht, dem Anderen gnadenvoll zu verzeihen
oder überheblich zu lächeln und stumm zu schreien.

Erkennen, dass es nur Angst ist vor dem nächsten Schritt,
dass wir uns wieder zurückhalten
und in der Opferrolle verharren damit.
Diese Erkenntnis lässt uns Berge versetzen.
Wir verzeihen uns, dass wir uns immer wieder selbst verletzen.

Damit steht die Tür unseres Herzens wieder weit offen.
Für unsere inneren Kinder, die mit uns heilen, lieben und hoffen.
Sie ziehen Menschen an, die dieses Glück fühlen
und alle sind wichtig, egal was sie in uns wieder aufwühlen.

Warum kannst Du nicht?

Warum kannst Du nicht mehr wie früher reagieren,
Dich anpassen, entschuldigen und funktionieren?
Soll das wirklich alles gewesen sein?
Dein Gefühl sagt eindeutig Nein.

Nur der Verstand meint es besser zu wissen.
Er möchte das Vertraute nicht vermissen.
Will nicht wehtun und enttäuscht lieber sich selbst mit aller Macht.
Löscht schnell die Flamme des Herzens, die so zart erwacht.

In Dir ist eine Seite, die so sehnsüchtig darauf wartet,
dass Ihr endlich wieder durchstartet.
Sie möchte mit Dir das Feuer gemeinsam leben,
sich Dir ganz und gar hingeben.
Nur sie kann Dir die Erfüllung schenken
und Eure Wege zu Glück, Erfolg und Liebe lenken.

Andere Menschen lösen nur etwas in Dir aus.
Vereint bist Du mit Dir in Deinem inneren Seelenhaus.
Dein Geist entspannt und Dein Körper bebt
und Du fühlst Dich ganz, jetzt wird gelebt.

Warum so unfair?

Warum so unfair, warum gleich schießen?
Ich werde dieses Kapitel jetzt endgültig schließen.
Keiner muss mich mehr im Sumpf besuchen.
Auch ich darf schimpfen, wütend sein und fluchen.

Ich habe es satt, immer zu entschuldigen und zu versteh'n
und hinter die Beweggründe zu seh'n.
Verständnis aufzubringen für alle und jeden.
Bei manchen Menschen nur mit Engelszungen zu reden.

Mich zu entschuldigen, weil ich nicht so kann wie sie.
Fehler machen sie anscheinend nie.
Zumindest brauchen sie sie ja nicht einzusehen.
Können ohne Eigenverantwortung durchs Leben gehen.

Ich trage Verantwortung für mich und mein Wohlbefinden.
Deshalb werde ich jetzt,
aus dem Tal des Engelseins, verschwinden.
Ich habe gehört, auf dem Berg der Menschlichkeit
erwartet man mich schon voller Herzlichkeit.

Ich freue mich, wenn ich da oben angekommen bin.
Diesen Weg bewusst zu gehen, gibt meinem Leben Sinn.

Warum?

Es ist nicht immer möglich, das Warum zu verstehen.
Manchmal müssen wir, ohne Erklärung, weitergehen.
Wissen nicht, weshalb jemand handelt, so wie er es tut
und sich im Selbstmitleid oder im Sumpf ausruht.
Oft fühlen wir uns verletzt und nicht verstanden,
von einem Menschen, von dem wir glaubten, dass wir ihn kannten.
Für mich war es wichtig, es so zu erfahren und zu erkennen:
Ich kann nicht zu mir stehen und gleichzeitig
vor Konflikten davonrennen.
Hätten die Stiche nicht genau mein Herz getroffen,
wäre ich heute noch für faule Kompromisse offen.
Würde immer noch nach dem Warum fragen.
Ich darf ohne Schuldgefühle meinen Weg ins Glück wagen.
Warum? Weil ich es verdient habe, so wie Du es verdient hast.
Wie schön, wenn keiner mehr diese Chance verpasst.

Was habe ich alles getan?

*Was habe ich früher alles getan um recht zu sein.
Ich stellte mich auf jede Laune ein.
Habe versucht zu schlichten
und alles wieder zum Guten zu richten.
Fühlte mich immer hin- und hergerissen
und hatte stets ein schlechtes Gewissen.
Heute begleite ich mich durch solche Situationen
und kann mich mit Dankbarkeit belohnen.
Die Ausbildung des Lebens, die ich hatte,
ermöglicht, dass ich mir mein „so Sein" nun endlich gestatte.
Ja, ich genieße und schätze es sogar,
zu fühlen, ich war mir noch nie so nah.*

Sündenbock ade

*Manche Menschen müssen sich einfach Luft machen,
indem sie bei Dir abladen oder über Dich lachen.*

*Wenn Du spürst, dass man Dir Unrecht tut,
fühle die Verletzung, Ohnmacht oder Wut!*

*Dann wirst Du immer mehr die wahren Beweggründe erkennen
und niemand kann Dich mehr zum Sündenbock ernennen!*

Wehmut

Es ist nie leicht,
wenn sich mal wieder Wehmut einschleicht.
Das Gefühl aufkommt, man wäre nicht recht
und alles, was man tut, sei einfach schlecht.
Fehler gleichgestellt werden mit Schuld
und es keinen Platz gibt für Verständnis und Geduld.
Versuche dann mal, Dir für Dich Zeit zu nehmen.
Dich zu verwöhnen und anzulehnen
an den wertvollsten Menschen, den es für Dich gibt.
Es tut allen gut, wirst Du von Dir geliebt.
Dann bist Du nicht mehr abhängig von Reaktionen
und kannst Dich mit viel Freude und Freiheit belohnen.

Kennst Du Wehmut?

Einfach lieben

Wenn das so leicht wäre, wie oft beschrieben,
könnten wir alle vertrauen und bedingungslos lieben.
Die Schule der Menschlichkeit prüft, ob wir auch leben,
was wir tagtäglich so von uns geben.

Ich finde diese Ausbildung sehr wichtig und gut.
Jeder Mensch trägt nicht nur Liebe in sich, sondern auch Wut.
Manchmal müssen wir durch Gefühle gehen,
da können wir uns einfach nicht verstehen.

Man lernt immer wieder dazu, egal in welchem Alter.
Sei Du Dein eigener Lebens- und Wohlfühlgestalter.

Wenn Du möchtest, kannst Du ein Tagebuch
Deiner Gedanken und Gefühle schreiben.

Es ist immer wieder interessant später mal reinzuschauen.

Wenn sich ein Mensch wohlfühlt

Wenn sich ein Mensch wohlfühlt in seiner Haut,
nicht nach Schwächen bei den Andern schaut,
tut das einfach gut und man fühlt sich verbunden.
So manche Hürde wird dadurch überwunden.

Die, die immer Fehler suchen und korrigieren,
haben noch so große Angst sich zu blamieren.
Wer andere klein machen muss, um groß zu sein,
dem fehlt es gewaltig an gesundem Selbstbewusstsein.

Mit Ironie hat Spaß gar nichts zu tun.
Es ist so viel Lebensfreude in Menschen, die innerlich ruh'n.
Eine tiefe Dankbarkeit ist ihr Geschenk und ihre Gabe.
Ich bin so froh, dass ich ganz viele solcher Freunde habe.

Wer hat mich gelehrt?

Wer hat mich gelehrt, immer jeden zu verstehen,
stets die positiven Seiten in allen zu sehen?
Wie konnte sich in mir die Überzeugung programmieren,
ich wäre nur recht, würde ich immer funktionieren?

Ich dachte, ich kenne mich mittlerweile so gut,
meine Schwächen, meine Ängste und meinen Mut.
Doch komme ich immer wieder in Situationen,
wo wieder die Geister der Hilflosigkeit in mir wohnen.

Es gibt Zeiten, da weiß kein Anderer, was man leisten muss,
der es nie erlebt.
Wie hilflos man sich fühlt, werden alle Stützpfeiler bewegt,
die bisher ein sicheres Fundament geboten haben.
Für mich heißt das jetzt erkennen, aufstehen, Neues wagen.

Den Sumpf des Zweifelns wieder zu verlassen
und neuen Lebensmut zu fassen.
Aus jeder Krise zu lernen, was wirklich wichtig ist,
nämlich, dass man sich selbst bei allem nicht vergisst.

Wie lange?

Wie lange willst Du noch der Vergangenheit nachtrauern?
Hör auf, Dich für das Erlebte zu bedauern.
Es hat Dich zu dem gemacht, was Du heute bist.
Niemand verlangt, dass Du alten Schmerz vergisst.

Benutze ihn nur nicht mehr um Dich klein zu halten.
Du darfst Dein Leben jetzt selbst gestalten.
Mit Menschen, die Dir das gönnen.
Nichts mehr zu müssen, alles zu können.

Ein paar Gedanken dazu:

Wir alle durchleben manchmal Zeiten, in denen wir traurig sind und uns allein fühlen. Das gehört dazu.
Auch ich erlebe das immer mal wieder, doch hilft es mir nicht, wenn mich dann jemand bedauert.
Ich muss da durch, um eine Lektion zu lernen.
Manchmal fühlt es sich an, als stecke ich im Geburtskanal fest und will nicht neu geboren werden.
Angst vor dem, was mir das Leben schenken möchte.
Da ich die Nabelschnur jetzt selbst durchtrennen muss, heißt das Eigenverantwortung zu übernehmen.
Selbst zu atmen und für mich wieder gut zu sorgen.
Danke an alle Menschen, die mich da immer wieder begleiten und mit mir fühlen.

Wir

Schau, das Leben ist oft nicht so schwer, wie wir es uns machen,
wenn wir schon morgens mit Ängsten und Zweifeln erwachen.
Manchmal denken und grübeln wir einfach zu viel.
Wir sind dann mit unseren Gedanken schon am schlimmsten Ziel.
Ich kenne das nur zu gut, weil ich es schon so oft erlebte,
dass sich wirklich jeder Stützpfeiler, der mich gehalten hat,
dramatisch bewegte.
Wenn ich dann meine Gedanken noch manipulieren wollte,
weil ich doch nicht so negativ denken sollte,
war es ganz um mich gescheh'n.
Ich konnte mich dann wieder mal einfach nicht versteh'n.
Dann half es mir, kurz innezuhalten und mich zu besinnen:
Wie oft konnte mir es in meinem Leben schon gelingen,
da wieder gestärkt und mit neuen Erkenntnissen herauszukommen?
Ich habe aus jeder Krisenzeit so viele positive Erfahrungen gewonnen.
Auch dieses Mal darf sich alles zum Guten wenden,
lassen wir Wunder zu.
Es gibt viele Menschen, die so fühlen… so wie ich und Du.
WIR werden deshalb immer wieder zusammengeführt,
weil die Vielfalt unserer Einmaligkeit unsere Herzen berührt.

Für meine Söhne

Ich liebe Euch und darf mich mit Euch freuen.
Nichts, was wir erlebten, müsste ich bereuen.
Das Leben hat mich mit Euch reich beschenkt und ich bin so dankbar.
Ihr steht mir beide unwahrscheinlich nah.
Ich durfte Euch meine Mutterliebe geben.
Es war eine wunderschöne Zeit, Eure Kindheit so intensiv mitzuerleben.
Heute genieße ich das tiefe Gefühl in mir, wenn ich Euch unterstütze im Handeln.
Durch Euch durfte sich so viel in mir verwandeln.
Jeder für sich, auf seine Art, bereichert mein Leben und gibt mir so viel.
Ich wünsche Euch das Gleiche und doch jedem seinen eigenen Weg zum Ziel.
Bin stolz auf Euch und gönne Euch von Herzen Euer Liebesglück.
Schaue voller Freude nach vorne und mit vielen schönen Erinnerungen zurück.

Wohin damit?

Wohin damit, wenn Deine Gefühle Dich überrennen?
Wenn alles bebt und Du meinst grad auszubrennen.
Was tun, wenn sie da ist, diese furchtbare Angst?
Eine Ohnmacht, als ob Du um Dein Leben bangst.
Wie es aushalten, wenn das keiner versteht,
dass in Dir plötzlich alles kopfüber steht?
Bei mir war auf einmal eine Hand, die hat mich gehalten.
Eine Stimme versprach, dass wir unser Leben
jetzt leichter gestalten.
Ein Herz zeigte mir, dass es mich liebt
und dass es mir in Zukunft viel mehr Freude gibt.
Manchmal muss man so tief unten sein,
um zu spüren, man ist mit sich selbst nicht allein.
Im Innern habe ich Ruhe gefunden.
Diesen unmenschlichen Druck endlich überwunden.
Ich habe mir nun einen Plan gemacht:
Jetzt wird zuerst einmal an mich gedacht.
Wem nützt es, wenn ich nicht mehr kann?
Wann fängst Du mit der Umkehr an?

Ein paar Worte dazu:

Nach einem Zusammenbruch kamen mir diese Gedanken.
Ich war mit der Pflege meiner Mutter überfordert und wollte es nicht wahr haben.
Ich saß vor ihr und hoffte, dass sie versteht, dass ich nicht mehr kann.

Ich wartete auf ihre Einsicht, auch andere Menschen zu akzeptieren und nicht immer mich zu brauchen.

Nachdem meine Freundin bei ihr war, kam sie zu mir ans Bett und sagte sehr nachdenklich und betroffen:

„Deiner 87 jährigen Mutter geht es besser als Dir.´´

Auch der herbeigerufene Arzt gab mir keine Spritze, damit ich wieder funktioniere, so wie ich es mir wünschte.
Er sagte mir, dass ich loslassen muss und es nicht von meiner Mutter erwarten kann, dass sie freiwillig etwas aufgibt, was sie ein Leben lang gewohnt war.
Diese Zeit war sehr schwer, doch ich konnte endlich loslassen und Hilfe annehmen.

Danke allen, die zu meiner Heilung beigetragen haben.
Danke auch an mich.

Für Leoš

Du bist der Mann meines Herzens, so ganz ohne Schein.
Ich bin sehr dankbar für unsere Zeit und für unser Zusammensein.
Für jeden Tag, den wir gemeinsam erleben können
und für so viel Liebe, die wir uns gegenseitig gönnen.
Unsere Begeisterung durfte schon viele Menschen mitreißen.
Alles, was schwierig war, konnte uns nur noch mehr zusammenschweißen.

Danke für alles, was Du immer wieder für mich tust.
Oft bist Du mein Fels in der Brandung, weil Du in Dir ruhst.
Danke, dass Du auch für meine Söhne immer da warst und bist.
Du weißt, dass Dir das keiner von uns jemals vergisst.
Die Pflege meiner Eltern hast Du hautnah miterlebt.
Mich getröstet, gehalten und so viel für sie bewegt.
Du hast in ihrem Herzen einen ganz besonderen Platz.
Bist für sie ein wichtiger Mensch, ein Seelenschatz.
Vater weiß manchmal nicht mehr wie er heißt und wer er ist.
Verblüffend, dass er immer Dich erwähnt und Dich nie vergisst.

Dieses Buch ist unser gemeinsames Baby, unser Schatz.
Du hast in meinem Herzen einen ganz besonderen Platz.
Dein Glaube an mich und meine Gabe hat mich stets inspiriert.
Du hast mich und meine Arbeit gefördert und trotzdem meine Denkweise respektiert.
Dank Deinem unermüdlichen Einsatz, Deiner Begabung zu planen und leidenschaftlich daran zu verweilen,
dürfen wir diese Freude nun mit unseren Gefühlsverwandten teilen.